EXPOSITION DES BEAUX-ARTS DE 1855.

LISTE
PAR ORDRE ALPHABÉTIQUE
DES ARTISTES
ÉTRANGERS ET FRANÇAIS
DONT LES OUVRAGES SONT EXPOSÉS
AU PALAIS DES BEAUX-ARTS

Avenue Montaigne.

PARIS,

VINCHON, IMPRIMEUR DES MUSÉES IMPÉRIAUX,

RUE J.-J. ROUSSEAU, 8.

—

1855.

EXPOSITION DES BEAUX-ARTS DE 1855.

LISTE
PAR ORDRE ALPHABÉTIQUE
DES ARTISTES
ÉTRANGERS ET FRANÇAIS
DONT LES OUVRAGES SONT EXPOSÉS
AU PALAIS DES BEAUX-ARTS

Avenue Montaigne.

MM. Pages.

ABADIE (Paul), architecte, France 543
ABEL DE PUJOL (Alexandre-Denis), peintre, France.................................. 241
ACCARD (Eugène), peintre, France........... 242
ACHARD (Jean-Alexis), peintre, France....... 242
ACHENBACH (André), peintre, Prusse....... 176
ACHENBACH (Osvald), peintre, Prusse....... 176
ADAM (Benno), peintre, Bavière............... 18
ADAM (François), peintre, Bavière............ 18
ADAMS (G.-G.), sculpteur, Grande-Bretagne.... 122
AFINGER (J.-Bernard), sculpteur, Prusse...... 194
AGNENI (Eugène), peintre, Etats-Pontificaux.. 77

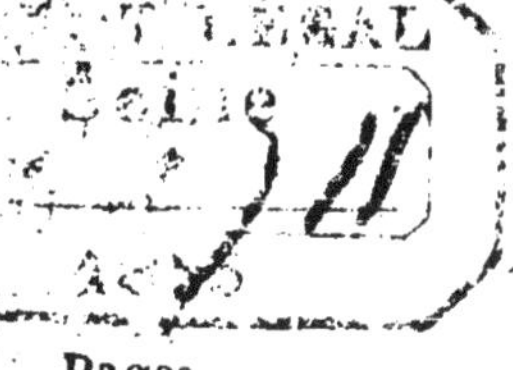

MM. Pages.

AHLBORN (Charles), sculpteur, Suède........ 217
AHLBORN (Mme), née LÉA LUNDGREN, sculpteur, graveur en médailles, Suède........... 218
AIGUIER (Auguste), peintre, France......... 242
AIZELIN (Eugène), sculpteur, France........ 457
ALBUFERA (Mme d'), peintre, France......... 243
ALIGNY (Claude-Félix-Théodore CARUELLE D') peintre, France.......................... 243
ALLAIN (Mlle Pauline), peintre, France....... 243
ALLEMAND (Louis-Hector), peintre, France.... 244
ALLEN (C.-B.), architecte, Grande-Bretagne... 143
ALLOM (T.), architecte, Grande-Bretagne..... 143
ALLONGÉ (Auguste), peintre, France......... 244
ALBUM, peinture, Prusse.................... 175
ALT (Rodolphe), peintre, Autriche........... 1
AMAN (Théodore), peintre, Turquie.......... 235
AMAURY-DUVAL (Eugène-Emmanuel), peintre, France............................ 244
AMBUCHI (T.), sculpteur, Grande-Bretagne.... 122
AMIGONI (Louis), sculpteur, Autriche......... 6
ANASTASI (Auguste), peintre et lithographe, France........................ 244 et 533
ANCONA (Vito d'), peintre, Toscane.......... 234
ANDRÉ (Aimé-Louis), peintre, France......... 245
ANDRÉ (Jules), peintre, France.............. 245
ANDRÉ (Louis-Jules), architecte, France....... 585
ANDERSON (Nils), peintre, Suède............ 213
ANDRIEUX (Auguste), peintre, France....... 245
ANNUNCIAÇAO (Thomas-José d'), peintre, Portugal.............................. 171
ANSDELL (R.), peintre, Grande-Bretagne..... 85
ANTHONY (M.), peintre, Grande-Bretagne..... 85

MM. Pages.

ANTIGNA (Jean-Pierre-Alexandre), peintre, France.................................. 246
APOIL (Charles-Alexis), peintre, France...... 246
APOIL (Mme), née Suzanne-Estelle BÉRANGER, peintre, France........................ 247
APPERT (Eugène), peintre, France........... 247
APPIAN (Adolphe), peintre, France.......... 247
APPIANI (André), peintre, Autriche........... 593
ARANGUREN, architecte, Espagne........... 74
ARAUJO CERQUEIRA (Francisco de), sculpteur, Portugal.............................. 174
ARCHINARD (Mme), née Fanny-Marguerite ROUVIER, peintre, Suisse................ 223
ARGENTI (Josué), sculpteur, Autriche........ 6
ARIENTI (Alexandre), architecte, Autriche.... 602
ARIENTI (Charles), peintre, Autriche........ 594
ARMAND-DUMARESQ (Edouard), peintre, France.................................. 247
ARMITAGE (E.), peintre, Grande-Bretagne.... 85
ARNAUD (Charles-Auguste), sculpteur, France. 458
ARRAU (De), peintre, Espagne............... 63
ASSIS-RODRIGUÈS (Francisco), peintre, Portugal.................................. 174
ATKINSON (T.-L.), graveur, Grande-Bretagne. 128
AUBERT (Jean-Ernest), lithographe, France.... 533
AUBIN (Gustave), peintre, Belgique........... 24
AUBRY-LECOMTE (Hyacinthe-Louis-Victor-Jean-Baptiste), lithographe, France......... 533
AUGUIN (Louis-Augustin), peintre, France.... 247
AZE (Valère-Adolphe), peintre, France......... 248

BAADE (Knud), peintre, Bavière............... 18

MM. Pages.

BABCOCK (William-P.), peintre, États-Unis d'Amérique.......... 81
BACON (Frédéric), graveur, Grande-Bretagne.. 128
BADIOU DE LA TRONCHÈRE (Émile), sculpteur, France.......... 458
BAGGE (Magnus-Thulstrup), peintre, Norwége.. 220
BAKOF (Julius), peintre, Suisse.......... 223
BAILE (Jacques-Joseph), peintre, France...... 248
BAILY (E.-H.), sculpteur, Grande-Bretagne... 122
BALDISSERONI (Spiridion), peintre, Autriche. 1
BALFOURIER (Paul-Émile-Adolphe), peintre, France.......... 248
BALLEROY (le comte Albert de), peintre, France. 248
BALLIN (John), graveur, Danemark.......... 60
BALTARD (Victor), architecte, France........ 585
BALTHASAR (Casimir-Victor-Alexandre de), peintre, France.......... 249
BALZE (Raymond), peintre, France.......... 249
BANKS (R.-R.), architecte, Grande-Bretagne.. 143
BAR (Pierre-Alexandre de), peintre, France... 249
BARATTA (Eumène), sculpteur, Autriche...... 601
BARCLAY (William), peintre, France......... 249
BARLOW (T.-O.), graveur, Grande-Bretagne.. 129
BARON (Henri), peintre, France.......... 249
BARRE (Jean-Auguste), sculpteur, France.... 459
BARRIAS (Félix-Joseph), peintre, France..... 250
BARRIAT (Charles), peintre, France......... 250
BARRY (C.-Jun.), architecte, Grande-Bretagne. 143
BARRY (sir Charles), architecte, Grande-Bretagne.......... 143
BARRY (François-Bernard), peintre, France... 250
BARSAC (Mme Marie), peintre, France......... 251

MM. Pages.

BARTEZZATI (Louis), peintre, Autriche...... 594
BARTHOLOMEW (V.), peintre; aquarelle, Grande-Bretagne........................ 109
BARYE (Antoine-Louis), sculpteur, France..... 459
BÄSSEL (Jacques), peintre, Hesse-Electorale et Grand-Ducale........................ 153
BASTOS (Victor), peintre, Portugal........... 171
BATAILLE (Jean-Auguste-Émile), peintre, Paris. 251
BAUD (Jean-Marc), peintre, Suisse........... 223
BAUDERON (Louis), peintre, France......... 251
BAUDIT (Amédée), peintre, Suisse........... 224
BAUMES (Louis-Marie-Amédée), peintre, France. 251
BAURY (Charles-Martial), sculpteur, France.. 459
BAZIN (Louis-Charles), peintre, France....... 251
BAZZONI (César), sculpteur, Autriche........ 6
BEAU (Émile), architecte, France............ 543
BEAUME (Joseph), peintre, France........... 252
BEAULIEU (Anatole de), peintre, France..... 252
BEAUMONT (Charles-Édouard de), peintre, France.................................. 252
BEAUVAIS (Hippolyte), peintre, France....... 252
BECKER (Auguste), peintre, Prusse.......... 176
BECQUER (Joachim), peintre, Espagne........ 63
Feu BEGAS (Charles-Joseph), peintre, Prusse.. 177
BEIN (Jean), graveur, France................ 509
BELL (John), sculpteur, Grande-Bretagne..... 122
BELLANGÉ (Joseph-Louis-Hippolyte), peintre, France.................................. 253
BELLARDEL (Napoléon-Joseph), peintre, France. 254
BELLEL (Jean-Joseph), peintre, France....... 254
BELLEMANS (Joseph), peintre, Belgique....... 24
BELLET DU POISAT (Alfred-Pierre), peintre, France.................................. 254

MM. Pages.

BELLY (Léon), peintre, France.............. 254
BENEDETTI (Thomas), graveur, Autriche.... 13
BENNETT (William), peintre; aquarelle, Grande-Bretagne.............................. 109
BENNETTER (Joh.-Jacob), peintre, France ... 255
BENOUVILLE (François-Léon), peintre, France. 255
BENOUVILLE (Jean-Achille), peintre, France. 256
BENZONI (Jean-Marie), sculpteur, États-Pontificaux................................. 79
BERCHÈRE (Narcisse), peintre, France....... 256
BERG (Simon van den), peintre, Pays-Bas..... 155
BERGER (Jean-Christien), peintre, Suède..... 213
BERGER (Mathieu), peintre, France.......... 256
BERGER (Philippe), peintre, France......... 257
BERGH (Edouard), peintre, Suède............ 214
BERNARD (Mme), née Anaïs DESGRANGES, peintre, France.......................... 257
BERNARD (Antoine-Louis), sculpteur, France.. 460
BERNARD (Mlle Delphine), peintre, France... 257
BERNIER (Camille), peintre, France......... 257
BERTHON (Mlle Sidonie), peintre, France..... 257
BERTIER (Louis-Eugène), peintre, France..... 258
BERTINI (Joseph), peintre, Autriche......... 594
BESNARD (Mme), née Louise VAILLANT, peintre, France.......................... 258
BESSON (Faustin), peintre, France........... 258
BETTINELLI (Louis), peintre, Autriche...... 594
BEZARD (Jean-Louis), peintre, France....... 258
BEZZUOLI (Joseph), peintre, Toscane......... 234
BIANCHI (Mlle Nina), peintre, France........ 258
BIARD (François), peintre, France.......... 259
BIBRON (Mme), née Jenny BELLOC, peintre, France................................ 260

MM. Pages.

BIDA (Alexandre), peintre, France........... 260
BIDEAULT (François), peintre, France........ 261
BIENAIMÉ (Louis), sculpteur, États-Pontificaux. 79
BIERMANN (Charles-Édouard), peintre, Prusse. 177
BIGÉ (Mlle Marie-Anne-Herminie), peintre, France................................ 261
BIGNOLI (Antoine), peintre, Autriche........ 594
BIJON (André), peintre, France............... 261
BILDERS (Johannes Warnardus), peintre, Pays-Bas.................................. 155
BILEZIKDJI (Pascal-Artin), architecte, Turquie. 235
BILLARDET (Léon-Marie-Joseph), peintre, France................................ 557
BILLMARCK (Charles Jean), lithographe, Suède. 219
BILLOTTE (Léon-Joseph), peintre, France.... 261
BINDER (Joseph), peintre, Autriche.......... 1
BING (Valentin), peintre, Pays-Bas........... 155
BIOT (Gustave), graveur, Belgique............ 55
BISI (Joseph), peintre, Autriche.............. 1
BISI (Louis), peintre, Autriche............... 595
BISI (Michel), peintre et graveur, Autriche. 595 et 13
BISSEN (Hermann-Wilhelm), sculpteur, Danemark................................ 60
BISSON (François), peintre, France.......... 262
BLAAS (Charles), peintre, Autriche........... 1
BLAESER (Gustave), sculpteur, Prusse........ 194
BLANC-FONTAINE (Henry), peintre, France.. 262
BLANCHARD (Auguste), graveur, France..... 509
BLANCHARD (Pharamond), peintre, France.. 262
BLANCO (Pedro-Sanchez), peintre, Espagne... 63
BLÉRY (Eugène), graveur, France............ 510
BLÈS (David), peintre, Pays-Bas............. 155
BLUHM (Antoine-Alexandre), peintre, Prusse... 178

MM. Pages.

BOC DE SAINT-HILAIRE (Jules), peintre, France.................................. 262

BODMER (Karl), peintre, France............. 263

BODOM (Erik), peintre, Norwége............ 220

BOE (Frantz-Diderick), peintre, Norwége...... 220

BŒSWILVALD (Emile), architecte, France.... 545

BOKLUND (Jean-Christophe), peintre, Suède... 214

BÖHM (Auguste), peintre, Belgique........... 25

BOHN (Guermann), peintre, Wurtemberg..... 239

BOISSARD DE BOISDENIER (Fernand), peintre, France.................................. 263

BOMPIANI (Robert), peintre, États-Pontificaux. 77

BONHEUR (Auguste), peintre, France......... 263

BONHEUR (Isidore-Jules), sculpteur, France.. 460

BONHEUR (Mlle Rosa), peintre, France....... 263

BONHOMMÉ (François), peintre, France...... 263

BONNARDEL (Pierre-Antoine-Hippolyte), sculpteur, Etats-Pontificaux.................... 80

BONNASSIEUX (Jean-Marie), sculpteur, France. 460

BONNEGRACE (Ch.-Adolphe), peintre, France. 264

BONNET (François), peintre, Suisse.......... 224

BONVIN (François), peintre, France.......... 264

BORDALLO PINHEIRO (Manoel-Maria), peintre, Portugal.................................. 171

BORREL (Valentin-Maurice), sculpteur, graveur en médailles, France................ 461

BORSOS (Joseph), peintre, Autriche.......... 2

BOSBOOM (Johannes), peintre, Pays-Bas...... 156

BOSC (Auguste), sculpteur, France........... 462

BOSSUET (François-Antoine), peintre, Belgique. 25

BOTTINELLI (Antoine), sculpteur, Autriche... 7

BOUET (Georges-Adelmard), peintre et architecte, France...................... 265 et 547

MM. Pages.

BOUGUEREAU (Adolphe-Villiams), peintre, France................................ 265
BOUHOT (Etienne), peintre, France.......... 265
BOULANGÉ (Louis-Jean-Baptiste), peintre, France................................ 265
BOULANGER (François-Louis-Florimond), architecte, France......................... 585
BOULANGER (Louis), peintre, France........ 266
BOULARD (Auguste), peintre, France........ 266
BOUQUET (Michel), peintre, France.......... 266
BOURBON-LEBLANC (Louis-Gabriel, peintre, France................................ 267
BOURGOIN (Adolphe), peintre, France....... 267
BOUVET (Louis-Charles), sculpteur, graveur en médailles, France......................... 462
BOVY (Antoine), sculpteur, graveur en médailles, France................................ 614
BOXALL (W.), peintre, Grande-Bretagne..... 86
BOYS (T.-S.), chromo-lithographe, Grande-Bretagne................................ 142
BOZZONI (L.), sculpteur, Grande-Bretagne.... 123
BRACQUEMOND (Joseph-Félix), peintre et graveur, France..................... 267 et 510
BRANDARD (Robert), graveur, Grande-Bretagne. 129
BRANDON (R.), architecte, Grande-Bretagne... 144
BRANSTON (C.), graveur sur bois, Grande-Bretagne................................ 138
BRASCASSAT (Jacques-Raymond), peintre, France................................ 267
BREMONT (Jean-François), peintre, France.... 268
BRENDEL (Albert), peintre, Prusse.......... 178
BREST (Fabius), peintre, France............ 268
BRETON (Jules-Adolphe), peintre, France..... 268

MM. Pages.

BRETON (Marie-Auguste), architecte, France... 547
BREUNIG (Jean), sculpteur, Bavière.......... 22
BRIAND (Bernard), sculpteur, France......... 462
BRIDOUX (Augustin-François-Eugène), graveur, France.............................. 511
BRION (Gustave), peintre, France............ 269
BRISAKIS, peintre, Grèce.................... 609
BRISSET (Pierre-Nicolas), peintre, France.... 269
BRISSOT DE WARVILLE (Félix-Saturnin), peintre, France............................ 269
BROCHART (Constant), peintre, France....... 270
BROCKY (C.), peintre, Grande-Bretagne...... 86
BROOKS (Thomas), peintre, Grande-Bretagne. 86
BROWN (F.-M.), peintre, Grande-Bretagne.... 86
BROWNE (Mlle Henriette), peintre, France.... 270
BRUGGHEN (Guillaume-Anne-Vander), peintre, Pays-Bas............................ 156
BRUN (Charles), peintre, France............. 270
BRUNEL-ROCQUÉ (Léon), peintre, France..... 270
BRUNET (Eugène), sculpteur.................. 462
BRYNER (Jean), peintre, Suisse.............. 224
BUCKNER (R.), peintre, Grande-Bretagne..... 86
BUHOT (Charles), sculpteur, France.......... 463
BUNNING (J.-B.), architecte, Grande-Bretagne... 144
BUNTZEN (Henri), peintre, Danemark........ 603
BURDET (Augustin), graveur, France........ 511
BURDY (Henry), sculpteur, France.......... 463
BURETTE (Alphonse), peintre, France........ 270
BÜRKNER (Hugo), graveur, Saxe............ 211
BURLAMACHI (Jules), peintre, Toscane...... 234
BURNET (John), graveur, Grande-Bretagne... 129
BURNIER (Richard), peintre, Pays-Bas....... 156
BURTON (D.), architecte, Grande-Bretagne.... 144

MM. Pages.

BUSSON (Charles), peintre, France............ 271
BUTLER (Joseph), peintre, Suisse........... 224
BUTTERFIELD (W.), architecte, Grande-Bretagne.................................. 144
BUZZI (François-Marie), sculpteur, Autriche... 7

CABANE (Némorin), peintre, France.......... 271
CABANEL (Alexandre), peintre, France....... 271
CABAT (Louis), peintre, France............. 272
CABET (Paul), sculpteur, France............ 463
CABUCHET (Emilien), sculpteur, France...... 463
CACCIATORI (Benoît), sculpteur, Autriche..... 7
CAFFI (Hippolyte), peintre, Autriche.......... 2
CAIN (Auguste), sculpteur, France........... 463
CALAMATTA (Louis), graveur, France....... 511
CALAME (Alexandre), peintre, Suisse......... 224
CALDERARA (Louis), scuplteur, Autriche..... 7
CALISCH (Moritz), peintre, Pays-Bas.......... 156
CALLOW (W.), peintre, aquarelle, Grande-Bre- 109
tagne.................................. 109
GALMELS (Anatole-Célestin), sculpteur, France. 464
CALS (Adolphe-Félix), peintre, France.......... 272
CAMBON (Armand-Henri-Joseph), peintre, France................................ 272
CAMINADE (Alexandre-François), peintre, France................................ 273
CAMINO (Joseph), peintre, Sardaigne......... 205
CAMPBELL (T.), sculpteur, Grande-Bretagne... 123
CAMPOS (Feliciano-Jose), peintre, Portugal.... 172
CARAUD (Joseph), peintre, France......... .. 273
CARBONNEAU (Jean-Baptiste-Charles), graveur, France................................ 512

MM. Pages.

CARDERERA (Valentin), peintre, Espagne..... 64
CAREY (Charles-Philippe-Auguste), graveur, France.................................. 512
CARISTIE (Augustin-Nicolas), architecte, France.............................. 547 et 586
CARON (Adolphe-Alexandre-Joseph), graveur, France.................................. 512
CAROT (Jean), architecte, France............ 543
CARPENTER (Mme W.), peintre, Grande-Bretagne.................................. 86
CARPENTER (R.-C.), architecte, Grande-Bretagne.................................. 145
CARRICK (Thomas), peintre, aquarelle, Grande-Bretagne.............................. 110
CARRIER (Joseph-Auguste), peintre, France... 273
CASTAN (Gustave), peintre, Suisse........... 225
CASTELLANO (Manuel), peintre, Espagne..... 64
CASTELNAU (Eugène), peintre, France....... 273
CATTERMOLE (G.), peintre; aquarelle, Grande-Bretagne.............................. 110
CAVALLERI (Ferdinand), peintre, États-Pontificaux.............................. 77
CAVÉ (Mme veuve), née Marie-Élisabeth BLAVOT, peintre, France.................... 273
CAVELIER (Pierre-Jules), sculpteur, France.... 464
CAZES (Romain), peintre, France............ 274
CERDA, peintre, Espagne.................. 64
CÈRMAK (Jaroslav), peintre, Belgique........ 25
CHABAL-DUSSURGEY (Pierre-Adrien), peintre, France.............................. 274
CHABAUD (Louis-Félix), peintre, France..... 465
CHACATON (Henri de), peintre, France....... 274
CHAIGNEAU (Jean-Ferdinand), peintre, France. 275
CHALON (A.-E.), peintre, Grande-Bretagne... 87

MM. Pages.

CHALON (A.-E), peintre; aquarelle, Grande-Bretagne.............................. 111
CHALON (J.-J.), peintre, Grande-Bretagne...... 87
CHANTRE (Fleury), peintre, France............ 275
CHAPLIN (Charles-Josuah), peintre, France... 275
CHARDIGNY (Pierre-Joseph), sculpteur, France. 465
CHARDIN (Gabriel), peintre, France............ 275
CHARDIN (Paul), peintre, France............. 276
CHARDON (Jean), sculpteur, Belgique........ 50
CHARPENTIER (Louis-Eugène), peintre, France. 276
CHASSÉRIAU (Théodore), peintre, France.... 276
CHATROUSSE (Émile), sculpteur, France..... 465
CHAUTARD (Joseph), peintre, France........ 277
CHAUVEL (Théophile), peintre, France...... 277
CHAVET (Victor), peintre, France............ 277
CHAZAL (Charles-Camille), peintre, France... 277
CHENAVARD (Paul), peintre, France......... 278
CHENAY (Paul), graveur, France............ 513
CHENILLION (Jean-Louis), sculpteur, France.. 466
CHENU (Mlle Maria-Marguerite), peintre, France. 279
CHERELLE (Léger), peintre, France.......... 279
CHERET (Jean-Louis), peintre, France........ 279
CHERON (Mme), née Aimée JOVIN, peintre, France.............................. 279
CHEVANDIER DE VALDROME (Paul), peintre, France.............................. 280
CHINTREUIL (Antoine), peintre, France...... 280
CHRISTEN (Raphaël), sculpteur, Suisse...... 231
CHRISTOPHE (Ernest), sculpteur, France..... 466
CIBOT (Édouard), peintre, France........... 280
CICERI (Eugène), lithographe, France... 281 et 534
CISERI (Antonio), peintre, Toscane.......... 613

MM. Pages.

CISNÉROS (François), peintre, France........ 281
CLAVÉ (Pelegrin), peintre, Espagne.......... 64
CLAYS (Paul-Jean), peintre, Belgique......... 26
CLÉMENT (Mme), née Anne-Clara LEMAITRE, architecte, France.......................... 548
CLÈRE (Jacques-François-Camille), peintre, France.. 281
CLERGET (Hubert), peintre, France........... 282
CLERGET (Jacques-Jean), architecte, France.. 586
CLINT (A.), peintre, Grande-Bretagne........ 87
CLUTTON (H.), architecte, Grande-Bretagne.. 145
COCCHI (Louis), sculpteur, Autriche......... 7
COCK (Xavier de), peintre, France............ 282
COCKELAERE, peintre, Belgique............ 26
COCKERELL (C.-R.), architecte, Grande-Bretagne....................................... 145
COEDÈS (Louis-Eugène), peintre, France..... 282
COEFFIER (Mme), née Marie-Pauline LESCUYER, peintre, France.................. 282
COGNIET (Léon), peintre, France..... 283 et 577
COIGNARD (Louis), peintre, France......... 283
COLAS (Alphonse), peintre, France.......... 284
COLIN (Alexandre-Marie), peintre, France.... 284
COLLETTE (Alexandre-Marie), lithographe, France.. 534
COLLIGNON (Ennemond), peintre, France.... 284
COLLINS (C.), peintre, Grande-Bretagne...... 87
COLLISCHON (Hermann), peintre, Bavière... 18
COLOMB (G.), peintre, Grande-Bretagne...... 87
COLOMBO (Ambroise), sculpteur, Autriche.... 7
COLONNA D'ISTRIA (Pierre-François-Jean-Jacques), peintre, France.................. 285

MM. Pages.

COMPTE-CALIX (François-Claudius), peintre, France. 285
COMTE (Pierre-Charles), peintre, France...... 285
CONCONI (Maur), peintre, Autriche.......... 595
CONSTANT (Mme Noémi), sculpteur, France.. 466
COOKE (E.-W.), peintre, Grande-Bretagne.... 87
COOKE (W.-B.), graveur, Grande-Bretagne... 129
COOL (F.-S.), peintre, Pays-Bas............ 157
COOPER (A.), peintre, Grande-Bretagne..... 88
COOPER (T.-S.), peintre, Grande-Bretagne.... 88
COOPER (W.), peintre, Grande-Bretagne...... 88
COPE (C.-W.), peintre, Grande-Bretagne...... 88
CORBEAUX (Mlle F.), peintre, aquarelle, Grande-Bretagne........ 111
CORBOULD (E.-H.), peintre, aquarelle, Grande-Bretagne........ 111
CORDÉRO (Juan), peintre, Mexique.......... 154
CORDIER (Charles), sculpteur, France........ 466
CORNEJO, architecte, Espagne............. 75
CORNÉLIUS (Pierre de), peintre, Prusse..... 178
CORNIENTI (Chérubin), peintre, Autriche.... 596
CORNILLET (Jean-Baptiste-Alfred), graveur, France........ 513
CORNU (Sébastien-Melchior), peintre, France.. 285
COROENNE (Henry), peintre, France........ 286
COROT (Jean-Baptiste-Camille), peintre, France. 286
CORPORANDI (Xavier), sculpteur, France.... 467
CORRÉARD (Louis-Frédéric), peintre, France. 286
CORT (Bernard), sculpteur, Espagne........ 72
CORSI (le comte Hyacinthe), peintre, Sardaigne. 205
COSSOS (Démétrius), sculpteur, Grèce....... 609
COSSOS (Jean), sculpteur, Grèce........... 610
COTTIN (Pierre), graveur, France........... 514

MM. Pages.

COUDER (Alexandre), peintre, France........ 286
COUGNY (Louis-Edmond), sculpteur, France.. 467
Feu COULON (Louis), peintre, Belgique...... 26
COUMONT (Charles), peintre, Belgique........ 26
COURBET (Gustave), peintre, France........ 287
COURDOUAN (Vincent), peintre, France. 287 et 578
COURT (Joseph-Désiré), peintre, France...... 288
COURTET (Augustin), sculpteur, France...... 467
COUSIN (Charles), peintre, France........... 288
COUSINS (H.), graveur, Grande-Bretagne..... 130
COUSINS (Samuel), graveur, Grande-Bretagne. 129
COUTURE (Thomas), peintre, France......... 288
COUTURIER (Philibert-Léon), peintre, France. 289
COUWENBERG (Wilhelmus-Hendricus), graveur, Pays-Bas.......................... 166
COWEN (W.), peintre, aquarelle, Grande-Bretagne.................................. 111
COX (D.), peintre, aquarelle, Grande-Bretagne... 111
CRAAYVANGER (Reinier), peintre, aquarelle, Pays-Bas.............................. 165
CRANCH (Christophe-P.), peintre, États-Unis d'Amérique.......................... 81
CRAPELET (Amable), peintre, France......... 289
CRAUK (Charles-Alexandre), peintre, France... 289
CREGAN (M.), peintre, Grande-Bretagne...... 89
CRESCIA (Luigi-Domenico), architecte, Sardaigne.............................. 208
CRESWICK (T.), peintre, Grande-Bretagne.... 89
CROFF (Joseph), sculpteur, Autriche.......... 8
CRONSTRAND (Balthasar), architecte, Suède... 219
CROSS (J.), peintre, Grande-Bretagne......... 89
CUISINIER (Léon), lithographe, France....... 534
CURZON (Paul-Alfred de), peintre, France.... 289

MM. Pages.

DAEMS (Ferdinand), peintre, Belgique......... 26
DAGAND (Michel), sculpteur, France......... 467
DAHL (Johan-Christian-Clausen), peintre, Norwége................................ 220
DALLEMAGNE (Mme), née Augustine-Philippe DE CAGNY, peintre, France............... 290
DALLEMAGNE (Adolphe-Jean-François-Marin), peintre, France......................... 290
DALY (César), architecte, France............ 548
DALZIEL frères, graveurs sur bois, Grande-Bretagne................................ 89
DAMOUR (Charles), graveur, France.......... 514
DANBY (F.), peintre, Grande-Bretagne....... 89
DANDIRAN (Frédéric), peintre, France....... 290
DANKBERG (Frédéric-Guillaume), sculpteur, Prusse................................ 194
DANIEL (Henry-Joseph), sculpteur, France.... 468
DANTAN aîné (Antoine-Laurent), sculpteur, France................................ 468
DANTAN jeune (Jean-Pierre), sculpteur, France. 468
DANTZELL (Joseph), sculpteur, France....... 469
DARGENT (Jean-Nicolas), sculpteur, Belgique... 51
DARGENT (Yan'), peintre, France........... 290
DARJOU (Alfred), peintre, France............ 290
DARODES (Louis-Auguste), peintre, France.... 291
DAUBIGNY (Charles-François), peintre, France. 291
DAUBIGNY (Pierre), peintre, France......... 291
DAUPHIN (François-Gustave), peintre, France... 291
DAUVERGNE (Anatole), architecte, France..... 549
DAUZATS (Adrien), peintre, France.... 292 et 578
DAVID (Jules), peintre, France............... 578
DAVID (Maxime), peintre, France............ 292

MM. Pages.

DAVIES (J.), architecte, Grande-Bretagne..... 145
DEBAY (Auguste-Hyacinthe), peintre et sculpteur, France...................... 293 et 469
DEBAY fils (Jean-Baptiste-Joseph), sculpteur, France.............................. 470
DEBAY père (Joseph), sculpteur, France....... 470
DEBIEFVE (Edouard), peintre, Belgique...... 27
DEBLOCK (Eugène-François), peintre, Belgique.................................. 27
DEBON (Hippolyte), peintre, France.......... 293
DE BRAEKELEER (Ferdinand), peintre, Belgique.................................. 27
DE BYLANDT (le comte Alfred), peintre, Belgique.................................. 27
DECAMPS (Alexandre-Gabriel), peintre, France. 294 et 578
DECOENÉ (Henri), peintre, Belgique.......... 28
DECOURCELLE (Louis-Édouard), sculpteur, France.............................. 471
DEDREUX (Alfred), peintre, France.......... 297
DEGROUX (Charles-Camille-Auguste). peintre, Belgique.............................. 28
DEGVILLE (J.-H.), peintre aquarelle, Grande-Bretagne.............................. 112
DEHAUSSY (Jules), peintre, France.......... 297
DEHEUVEL (Théodore-Bernard), peintre, Belgique.................................. 28
DEHODENCQ (Alfred), peintre, France....... 579
DEJONGHE (Gustave), peintre, Belgique....... 28
DEKEYSER (Nicaise), peintre, Belgique........ 28
DEKNYFF (A.), peintre, Belgique............ 29
DELABORDE (Henri), peintre, France........ 297

MM. Pages.

DELABRIERRE (Édouard), sculpteur, France.. 471
DELACROIX (Auguste), peintre, France....... 298
DELACROIX (Eugène), peintre, France....... 298
DELAFORGE (Ambroise), graveur, France.... 514
DELAPORTE (Mme ADÈLE), peintre, France.. 302
DELAROCHE (Charles - Ferdinand), peintre, France.............................. 579
DELATOUR (Édouard), peintre, Belgique..... 29
DELBOETE (Joseph), sculpteur, Belgique...... 55
DELESTRE (Adolphe), peintre, France....... 303
DELFOSSE (Ernest), peintre, Belgique........ 29
DELIERRE (Auguste), peintre, France........ 303
DELIGAND (Auguste-Louis), sculpteur, France. 471
DELLA TORRE (le marquis Torquato), sculpteur, Autriche........................... 8
DELTON (Étienne-Albert), architecte, France.. 549
DELVILLE-CORDIER (Mlle Aimée-Eugénie), peintre, France........................ 303
DE MANNEZ (Joseph), sculpteur, Belgique.... 56
DE MARNEFFE (François), peintre, Belgique.. 29
DE MEERSMAN (François), sculpteur, Belgique. 56
DENOTER (David-E.-J.), peintre, Belgique... 29
DENUELLE (Alexandre-Dominique), architecte, France.............................. 549
DEPAULIS (Alexis Joseph), sculpteur, graveur en médailles, France. 471
DERRE (François), sculpteur, France......... 472
DERVAUX (François), peintre, France........ 303
DESANGES (L.-W.), peintre, Grande-Bretagne. 90
DESBOEUFS (Antoine), sculpteur, France...... 472
DESBUISSON (Prosper), architecte, France..... 586
DESCLAUX (Théophile-Victor), graveur, France. 514

MM. Pages.

DESCOUDRES (Louis-Philippe), peintre, Prusse. 179
DESGOFFE (Alexandre), peintre, France...... 303
DESHAYES (Eugène), peintre, France........ 304
DESJARDINS (Tony), architecte, France...... 551
DESJOBERT (Louis-Eugène), peintre, France.. 304
DESMAISONS (Pierre-Émile), lithographe, France............................ 534
DESPORTES (Mme), née Emma BEUZELIN, peintre, France......................... 304
DESPREZ (Mlle Emma), peintre, France....... 304
DESPREZ (Louis), sculpteur, France.......... 473
DESSART (Henri), peintre, France 304
DESTREEZ (Jules-Constant), sculpteur, France. 473
DEUCKER (Charles), graveur, Villes-Anséatiques 238
DEVAULX (François-Théodore), sculpteur, France 473
DEVEDEUX (Louis), peintre, France......... 305
DEVENTER (Jean-Frederik van)............ 157
DEVENTER (Willem-Antonie van) 157
DEVERS (Joseph), peintre, France........... 305
DEVIGNE (Édouard), peintre, Belgique........ 30
DEVILLE (Pierre-Gustave), peintre, France.... 306
DEVILLENEUVE fils (Etienne-Alfred), sculpteur, France................................. 615
DEVOS (Vincent), peintre, Belgique............ 30
DE WINTER (Louis), peintre, Belgique........ 30
DEYRIEUX (Georges), peintre, France........ 306
DIAZ DE LA PENA (Narcisse), peintre, France. 306
DIDAY (François), peintre, Suisse 225
DIDIER (Jules), peintre et lithographe, France. 306 et 535
DIEBOLDT (Georges), sculpteur, France...... 474
DIELMAN (Pierre), peintre, Belgique 30
DIEN (Claude-Marie-François), graveur, France. 515

MM. Pages.

DIÈTRICH (Frédéric-Auguste), sculpteur, Prusse. 195
DIEUDONNÉ (Jacques-Augustin), sculpteur, France.................................. 474
DIGWEED (T. F.), architecte, Grande-Bretagne 145
DILLENS (Adolphe), peintre, Belgique........ 30
DOBBELAERE (Henri), peintre, Belgique..... 31
DOBSON (W. C. T.), peintre, Grande-Bretagne.. 90
DOERR (Charles), peintre, France............ 307
DONALDSON (le professeur T. L.), architecte, Grande-Bretagne.......................... 145
DOO (Georges T.), graveur, Grande-Bretagne.................................. 130
DORÉ (Gustave-Paul), peintre, France........ 307
DORER (Robert), sculpteur, Suisse............ 232
DOUBLEMARD (Amédée-Donatien), sculpteur, France.................................. 474
DOULIOT (Mlle Marie), peintre, France........ 307
DOUTRELEAU (Valentin), peintre, France.... 307
DOUX (Mme), née Lucile FOURNIER, peintre, France.................................. 308
DRAKE (Frédérik), sculpteur, Prusse......... 195
DREIBHOLTZ (Christiaan Lodemyk Willem), peintre, Pays-Bas....................... 157
DRIOLLET (Théodore-Henri), architecte, France 551
DRŒHMER (G. H.), graveur, Prusse.......... 199
DROUYN (François-Joseph-Leo), peintre...... 308
DROZ (Jules-Antoine), sculpteur, France...... 474
DUBAN (Félix-Jacques), architecte, France. 551 et 586
DUBASTY (Adolphe-Henri), peintre, France... 308
DUBOIS (François), peintre, France........... 309
DU BOIS D'AISCHE (le comte Adolphe), peintre, Belgique.................................. 31

MM. Pages.

DUBOULOZ (Jean-Auguste), peintre, France... 309
DUBOURCQ (Pierre-Louis), peintre et graveur, Pays-Bas.................... 156, 157 et 166
DUBRAY (Vital-Gabriel), sculpteur, France.... 475
DUBUFE père (Claude-Marie), peintre, France.. 309
DUBUFE fils (Édouard), peintre, France...... 310
DUC (Joseph-Louis), architecte, France....... 587
DUCAJU (Joseph), sculpteur, Belgique......... 51
DUCORNET (Louis-César-Joseph), peintre, France.............................. 310
DUDGEON (W.), architecte, Grande-Bretagne.. 143
DUFAUX (Mme), née Frédérica ORGELET, peintre, France........................... 310
DUFAUX (Pierre), peintre, France............ 311
DUFFIELD (W.), peintre, Grande-Bretagne.... 90
DUFOURMANTELLE (Félix), lithographe, France.............................. 535
DUFRESNE (Alexandre - Henry), sculpteur, France.............................. 475
DUJARDIN (Louis), graveur sur bois, France. 515
DULONG (Jean-Louis), peintre, France....... 311
DUMAREST (Antoine-Rambert), peintre, France.............................. 311
DUMONT (Augustin-Alexandre), sculpteur, France.............................. 475
DUNCAN (E.), peintre; aquarelle, Grande-Bretagne........................... 112
DUNTZE (Jean), peintre, Villes-Anséatiques... 236
DUPONT (Jean-Victor), peintre, Suisse........ 225
DUPRÉ (Jean), sculpteur, Toscane........... 613
DURAND (Alphonse), architecte, France....... 552
DURAND (André), architecte, France........ 587

MM. Pages.

DURAND (Emmanuel-Paul-Hilaire), architecte, France.......................... 552
DURAND (Gabriel), peintre, France.......... 579
DURAND (Mlle Louisa), peintre, Suisse....... 225
DURAND (Ludovic), sculpteur, France....... 476
DURAT-LASSALLE (Mlle Louise), peintre, France.......................... 311
DÜRCK (Frédéric), peintre, Bavière........... 18
DURET (Francisque), sculpteur, France...... 476
DURHAM (J.), sculpteur, Grande-Bretagne.... 123
DUROND (Joseph), graveur, France.......... 515
DUSEIGNEUR (Jean-Bernard), sculpteur, France. 476
DUSTON (Benjamin), peintre, France.......... 312
DUTRIEUX (Amable), sculpteur, Belgique.... 51
DUVAL (Étienne), peintre, Suisse........... 225
Feu DUVAL LE CAMUS père (Pierre), peintre, France.......................... 312
DUVAL LE CAMUS (Jules-Alexandre), peintre, France.......................... 312
DUVEAU (Louis), peintre, France............ 312
DUVERGER (Théophile-Emmanuel), peintre, France.......................... 313
DYCE (W.), peintre; aquarelle, Grande-Bretagne.......................... 90 et 112
DYCKMANS (J.), peintre, Belgique........... 31

EARLE (T.), sculpteur, Grande-Bretagne..... 123
EASTLAKE (sir C.-L.), peintre, Grande-Bretagne.......................... 90
EBERSON (Lucas-Hermanus), architecte, Pays-Bas.......................... 168

MM. Pages.

ECKERSBERG (Johan-Frédérik), peintre, Norwége.................................. 221
EDDIS (E.-U.), peintre, Grande-Bretagne..... 91
EDELSVARD (Adolphe-Guillaume), architecte, Suède.................................. 219
EECKHOUT (Jacques-Joseph), peintre, Belgique. 31
EECKHOUT (Victor), peintre, Belgique....... 31
EGG (A.-L.), peintre, Grande-Bretagne....... 91
EGGERT (François), peintre sur verre, Bavière. 18
EHRHARDT (Adolphe), peintre, Saxe........ 209
EICHENS (Frédéric-Édouard), graveur, Prusse. 199
EICHENS (Philippe-Hermann), lithographe, France.................................. 515
EKMAN (Robert-Guillaume), peintre, Suède.... 214
ELKAN (David), peintre, Prusse............. 179
ELLENRIEDER (Mlle Marie), peintre, Bade et Nassau.................................. 15
ELMERICH (Édouard), peintre et sculpteur.................................. 313 et 476
ELMORE (A.), peintre, Grande-Bretagne...... 91
ELVEN (Henri-Martin-Tetar van), architecte, Pays-Bas.................................. 168
ELVEN (Martin-Gérard-Tetar van), architecte, Pays-Bas.................................. 168
ELVEN (Paul-Tetar van), peintre, Pays-Bas... 157
ELVEN (Pierre-Tetar van), peintre, Pays-Bas... 157
EMERIC (Mme), née Honorine ROUVRET, peintre, France.................................. 313
ENGALIÈRE (Marius), peintre, France....... 313
ENGEL, peintre, Hesse-Électorale et Grand-Ducale.................................. 153
ENGERTH (Edouard), peintre, Autriche...... 2
ESBRAT (Raymond-Noël), peintre, France.... 313

MM. Pages.

ESCHKE (Herman-Guillaume-Benjamin), peintre, Prusse.......................... 179
ESPALTER (Joachim), peintre, Espagne..... 64
ESPINOSA (Juan-J.-Martinez de), peintre, Espagne.............................. 65
ESSEX (W.), peintre, aquarelle, Grande-Bretagne............................. 112
ESTACHON (Louis), peintre, France.......... 314
ETCHING CLUB, Gravure sur bois, Grande-Bretagne............................. 131
ETEX (Antoine), peintre et sculpteur, France........................... 314 et 477
EUDES DE GUIMARD (Mlle Louise), peintre, France............................. 314
EUSTACHE-LORSAY (Louis), peintre, France. 314
EVANS (W.), peintre, aquarelle, Grande-Bretagne............................. 112
EVRARD (Grégoire), sculpteur, France....... 477
EWALD (Arnold-Ferdinand), peintre, Prusse... 180
EXNER (Jean-Jules), peintre, Danemark...... 605
EYBEL (Charles-Henri-Adolphe), peintre, Prusse. 180
EYBL (François), peintre, Autriche........... 2
EYDOUX (Léon), peintre, Sardaigne.......... 205

FABISCH (Joseph), sculpteur, France......... 478
FAHEY (J.), peintre, aquarelle, Grande-Bretagne............................. 113
FAIVRE (Antoine), peintre, France........... 315
FAIVRE (Emile), peintre, France............ 315
FAIVRE (François), peintre, France.......... 315
FAIVRE-DUFFER (Louis-Stanislas), peintre, France............................. 315

MM. Pages.

FALCONNIER (Léon), sculpteur, France...... 47
FALKENER (E.-J.), architecte, Grande-Bretagne. 146
FALMAGNE (L.), graveur, Belgique......... 56
FANNIÈRE (François-Auguste), sculpteur, France.................................. 478
FANOLI (Michel), peintre et lithographe, Autriche et France..................... 2 et 535
FAROCHON (Eugène-Jean-Baptiste), sculpteur, France.................................. 478
FAUSSILLON dit LAROSE (Claude), architecte, France.............................. 478
FAUVEAU (Mlle Félicie de), sculpteur, France.. 615
FAUVELET (Jean), peintre, France.......... 316
FAVAS (J.-Daniel), peintre, France.......... 579
FAVERJON (Jean-Marie), peintre, France..... 316
FAY (Alexis), peintre, Belgique.............. 31
FECKERT (Gustave), lithographe, Prusse..... 203
FELON (Joseph), sculpteur et lithographe, France........................... 479 et 535
FEMMES ÉLÈVES DE L'ÉCOLE NORMALE DES ARTS, gravure sur bois, Grande-Bretagne... 138
FERNANDEZ, architecte, Espagne............ 75
FERNKORN (Antoine-Dominique), sculpteur, Autriche.................................. 8
FERON (Éloi-Firmin), peintre, France........ 316
FERRANT (Fernando), peintre, Espagne...... 65
FERRANT (Louis), peintre, Espagne.......... 65
FERRAT (Hippolyte), sculpteur, France...... 479
FERRERI (César), graveur, Autriche......... 13
FERRI (Gaetan), peintre, Sardaigne.......... 206
FEUGÈRE DES FORTS (Vincent-Émile), sculpteur, France.............................. 479

MM. Pages.

FEYEN (Auguste), peintre, France. 316
FICHEL (Eugène), peintre, France. 316
FIELDING (C.), peintre, aquarelle, Grande-Bretagne. 113
FIERS (Édouard), sculpteur, Belgique. 51
FINCK (Adolphe-David), peintre, France. 317
FISCHBACH (Jean), peintre, Autriche. 2
FISCHER (A.), sculpteur, Prusse. 195
FISCHER (Charles), sculpteur, Prusse. 195
FISCHER (Georges-Alexandre), peintre, France. 317
FLANDIN (Eugène), peintre, France. 317
FLANDRIN (Jean Hippolyte), peintre et lithographe, France. 317 et 536
FLANDRIN (Jean-Paul), peintre, France. 318
FLERS (Camille), peintre, France. 319
FLEURY (Leon), peintre, France 319
FOGGO (J. et G.), peintres, Grande-Bretagne. . . 92
FOLEY (J.-H.), sculpteur, Grande-Bretagne. . . . 123
FOLTZ (Philippe), peintre, Bavière. 18
FONSECA (Antonio-Manoel), peintre, Portugal. . 172
FONTAINE (Alexandre-Victor), peintre, France. 319
FONTAINE (Edme-Adolphe), peintre, France. . 319
FONTENAY (Alexis de), peintre, France. 320
FORESTIER (Henri-Joseph), peintre, France. . . 320
FORSTER (François), graveur, France. 516
FORTIN (Charles), peintre, France. 320
FOSSEY (Félix), peintre, France. 321
FOUGÈRE (Mlle Amanda), peintre, France. 321
FOULONGNE (Charles-Alfred), peintre, France. 321
FOURAU (Hugues), peintre, France. 321
FOURMOIS (Théodore), peintre, Belgique. . . . . 32.
FOURNIER (Jean-Baptiste-Fortuné de), peintre, France. 321

MM. Pages.

FOWLER (Charles), architecte, Grande-Bretagne. 146
FOYATIER (Denis), sculpteur, France........ 479
FRACCAROLI (Innocent), sculpteur, Autriche.. 8
FRAIKIN (Charles-Auguste), sculpteur, Belgique. 51
FRANÇAIS (François-Louis), peintre, France.. 322
FRANCESCO (Benjamin de), peintre, Deux-Siciles........................ 61
FRANCIA (Alexandre-F.), peintre, Belgique.... 32
FRANCK (Joseph), peintre et graveur, Belgique........................ 32 et 56
FRANCO (Joseph-Napoléon), peintre, France... 323
FRANÇOIS (Alphonse), graveur, France...... 516
FRANÇOIS (Jules), graveur, France 516
FRANGOULIS (Antoine), sculpteur, Grèce..... 609
FRANTER (Antonio), peintre, Espagne....... 65
FRANZ (Jules), sculpteur, Prusse........... 196
FRAPPAZ (Jules-Marc), architecte, France.... 553
FRÉDRO (Mlle Sophie), peintre, Autriche...... 2
FREMIET (Emmanuel), sculpteur, France..... 480
FRÈRE (Pierre-Edouard), peintre, France.... 323
FRÈRE (Théodore Charles), peintre, France... 323
FRISCH (Joachim), peintre, Norwège......... 221
FRIES (Bernard), peintre, Bade............. 15
FRIPP (G.), peintre, aquarelle, Grande-Bretagne. 113
FRITH (W.-P.), peintre, Grande-Bretagne).... 92
FRILLIÉ (Félix), peintre, France............ 580
FRISON (Barthélemy), sculpteur, France...... 480
FROGET (Pierre-Marie), sculpteur, France.... 481
FROMENT-DELORMEL (Eugène), peintre, France........................ 323
FROST (W.-E.), peintre, Grande-Bretagne.... 92
FURICH (Joseph), peintre, Autriche.......... 3

MM. Pages.

GABER (Auguste), graveur sur bois, Saxe.... 212
GABRIEL (S.-B.), architecte, Grande-Bretagne. 147
GAGNON (Mlle Anaïs), peintre, France........ 323
GALBRUND (Alphonse-Louis), peintre, France. 324
GALBRUNNER (Paul-Charles), sculpteur, France.................................. 481
GALETTI (Louis), peintre, France........... 324
GALLI (Antoine), sculpteur, Autriche......... 9
GALLI (Ferdinand), peintre, Autriche........ 596
GALOFRE (Jose), peintre, Espagne.......... 66
GAMBA (François), peintre, Sardaigne........ 206
GAMBARD (Henri), peintre, France.......... 324
GANDARA, architecte, Espagne............. 75
GANDOLFI (Démocrito), sculpteur, Toscane... 613
GARCIA (Perez), architecte, Espagne......... 75
GARCIN (Louis), peintre, France............ 324
GARIN (Jean-Baptiste-Joseph-Léon), peintre, France.................................. 324
GARIOT (Paul-César), peintre, France........ 326
GARIPUY (Jules), peintre, France........... 325
GARNAUD (Antoine-Martin), architecte, France. 554
GARNERAY (Ambroise-Louis), peintre, France. 325
GARNIER (François), graveur, France....... 517
GARNIER (Jean-Louis-Charles), architecte, France.................................. 587
GARRAUD (Gabriel-Joseph), sculpteur, France. 481
GASSER (Jean), sculpteur, Autriche.......... 9
GASTALDI (André), peintre, Sardaigne....... 206
GASTINE (Camille-Auguste), peintre, France... 325
GASTINEAU (H.), peintre, aquarelle, Grande-Bretagne.............................. 114
GATTEAUX (Jacques-Edouard), sculpteur, graveur en médailles, France................ 482

MM. Pages.

GAUCHEREL (Léon), architecte, France....... 554
GAUERMANN (Frédéric), peintre, Autriche.... 3
GAUTIER (Jacques), sculpteur, France........ 482
GAUSSEN (Alfred-Marie), architecte, France.. 554
GAYE (Joseph), peintre, France. 580
GAYRARD fils (Joseph-Raymond-Paul), sculpteur, France................................ 482
GAYRARD père (Raymond), sculpteur, France. 483
GEEFS (Mme Fanny), peintre, Belgique.... .. 32
GEEFS (Guillaume), sculpteur, Belgique....... 52
GEEFS (Jean), sculpteur, Belgique........... 52
GÉLIBERT (Paul), peintre, France........... 320
GEMPT (Bernard Te.), peintre, aquarelle, Pays-Bas.................................. 165
GENDRON (Auguste), peintre, France........ 326
GENGEMBRE (Joseph-Zéphirin), peintre, France. 326
GENOD (Michel-Philibert), peintre, France.... 326
GENSLER (Johann-Gunther), peintre, Villes-Anséatiques.. 236
GÉRARD (Edouard), peintre, France.......... 327
GERARD (Joseph), peintre, Belgique.......... 33
GÉRENTE (Alfred), architecte, France........ 555
GÉROME (Jean-Léon), peintre, France........ 327
GERTNER (Guillaume), peintre, Danemark.... 604
GESLIN (Jean-Charles), peintre, France....... 328
GHÉMAR (Louis), lithographe, Belgique....... 57
GIACOMELLI (Vincent), peintre, Sardaigne.... 206
GIBERT (Jean-Baptiste-Adolphe), peintre, France. 328
GIBSON (John), sculpteur, États-Pontificaux et Grande-Bretagne.................... 80 et 123
GIBSON (John), architecte, Grande-Bretagne... 147
GIDE (Théophile), peintre, France........... 328

MM. Pages.

GIGNOUX (Regis), peintre, Etats-Unis d'Amérique 81
GIGOUX (Jean-François), peintre, France..... 328
GILBERT (Achille), peintre et lithographe, France........ 329 et 536
GILBERT (A.), peintre, Grande-Bretagne...... 93
GILES (J.-W.), lithographe, Grande-Bretagne... 140
GILLIES (Mlle M.), peintre, aquarelle, Grande-Bretagne........ 93 et 114
GINAIN (Eugène-Louis), peintre, France...... 329
GIRARD (Ernest-Joseph-Angelon), peintre, France........ 329
GIRARD (François-Alexis), graveur, France... 517
GIRARD (Noël-Jules), sculpteur, France. 483 et 582
GIRARDET (Edouard), peintre, Suisse........ 226
GIRARDET (Karl), peintre, France........... 329
GIRARDET (Paul), graveur, Suisse.......... 232
GIRARDIN (Julien), peintre, France.......... 330
GIRARDIN (Mme, née Pauline Joannis), peintre, France........ 330
GIRARDOT (Adolphe), peintre, Belgique...... 33
GIRAUD (Charles), peintre, France........... 330
GIRAUD (Pierre-François-Eugène), peintre, France........ 330
GIRBAUD (Mme Alfred), peintre, France....... 331
GIRBAUD (Mlle Jenny), peintre, France....... 331
GIROUARD (Mlle Henriquetta), peintre, France. 331
GLAIZE (Auguste-Barthélemy), peintre, France. 332
GLARDON-LEUBEL (Charles-Louis-François), peintre, Suisse........ 226
GLASS (J.-W,), peintre, Grande-Bretagne...... 93
GLUCK (Eugène), peintre, France............ 332

MM. Pages.

GODDÉ (Jules), peintre, France.............. 332
GODINHO (Manoel-Nunez), peintre, Portugal... 172
GOMIEN (Charles), peintre, France........... 332
GONNE (Frédéric), peintre, Saxe............. 209
GOODALL (E.), graveur, Grande-Bretagne..... 131
GOODALL (F.), peintre, Grande-Bretagne..... 93
GORCES (Mlle Louise-Élodie), peintre, France.. 333
GORDON (sir J. Watson), peintre, Grande-Bretagne................................ 93
GORIN (Stanislas), peintre, France........... 333
GOSSE (Nicolas-Louis-François), peintre, France 333
GOSSET (Adolphe-François), peintre, France.. 333
GOTT (J.), sculpteur, Grande-Bretagne........ 124
GOURLIER (Charles-Pierre), architecte, France. 555
GOURLIER (Paul), peintre, France 333
GOUTIÈRE (Tony), graveur, France......... 517
Feu GOYET (Jean-Baptiste), peintre, France... 334
GOYET (Eugène), peintre, France............ 334
GRABOWSKI (Félix), sculpteur, France...... 483
GRAEB (Charles-Georges-Antoine), peintre, Prusse................................ 180
GRAILLON (Pierre-Adrien), sculpteur, France. 582
GRANDFILS (Laurent), sculpteur, France.... 583
GRANDPIERRE-DEVERZY (Mlle Adrienne-Marie-Louise), peintre, France............. 334
GRANT (F.), peintre, Grande-Bretagne 93
GRAS (Félix), peintre, France............... 334
GRASS (Philippe), sculpteur, France... 483 et 583
GRAVES (Robert), graveur, Grande-Bretagne.. 131
GREEN (W. T.), graveur sur bois, Grande-Bretagne.............................. 138
GREENOUGH (Richard G.), sculpteur, États-Unis d'Amérique 83

MM. Pages.

GRENIER (Claude-Jules), peintre, France..... 335
GRENIER-SAINT-MARTIN (François), peintre, France..... 335
GROLIG (Curtius), peintre, France..... 335
GROOTAERS (Guillaume), sculpteur, France... 484
GRONDLAND (Theude), peintre, Danemark... 59
GROSCLAUDE fils (Frédéric), peintre, Suisse... 227
GROSCLAUDE père (Louis), peintre, Suisse.... 226
GRUBER (François), peintre, Autriche........ 3
GRUEBER (Bernard), architecte, Autriche..... 14
GRUN (Mme), née Eugénie CHARPENTIER, peintre, France..... 335
GRUN (Julien), peintre, Prusse..... 180
GRUND (Jean), peintre, Bade..... 15
GRUNER (L.), graveur, Grande-Bretagne..... 131
GRUYÈRE (Théodore-Charles), sculpteur, France..... 484
GRUYTER jeune (Willem), peintre, Pays-Bas.. 157
GSELL (Jules-Gaspard), peintre, Suisse....... 227
GUDE (Hans Frederik), peintre, Norwége..... 221
GUDIN (Théodore), peintre, France..... 336
GUÉ (Jean-Marie-Oscar), peintre, France...... 338
GUÉRARD (Amédée), peintre, France........ 338
Feu GUÉRIN (Jean-Baptiste-Paulin), peintre, France..... 339
GUESNU (Marie-Hilaire), graveur, France..... 518
GUFFENS (Godefroid), peintre, Belgique...... 33
GUILLAUME (Claude-Jean-Baptiste-Eugène), sculpteur, France..... 484
GUILLAUMOT (Auguste-Alexandre), architecte, France..... 555
GUILLAUMOT (Claude-Nicolas-Eugène), architecte, France..... 555

MM. Pages.

GUILLAUMOT (Louis), architecte, France..... 555
GUILLEMIN (Alexandre-Marie), peintre, France. 339
GUINDON (Marius), peintre, France.......... 339
GUIZARD (Mme de), née Clémence DUFRESNE, peintre, France........................ 339
GUMERY (Charles-Alphonse), sculpteur, France. 485
GUMSHEIMER (Pierre), architecte, Prusse.... 204
GURNET (François), peintre, Belgique....... 33
GUSH (W.), peintre, Grande-Bretagne........ 94
GUSTAND (Adolphe), graveur, France....... 518
GUTERBOCK (Léopold), peintre, Prusse...... 181
GUTIERREZ DE LA VEGA (Jose), peintre, Espagne................................ 66

HAAG (C.), peintre, aquarelle, Grande-Bretagne 114
HAANEN (Mlle Adriana), peintre, Pays-Bas.... 158
HAANEN (Remi van), peintre, Autriche....... 3
HAAS (Johannes-Hubertus-Leonardus de) peintre, Pays-Bas.......................... 158
HABELMANN (Paul-Sigismond), graveur, Prusse................................ 200
HADAMARD (Auguste), peintre, France....... 340
HAESELICH (Johann.-Georg), peintre, Villes-Anséatiques............................ 236
HAFFNER (Félix), peintre, France.......... 340
HAGHE (L.), peintre, aquarelle, Grande-Bretagne................................. 114
HAGN (Louis de), peintre, Bavière.......... 19
HALLEZ (Louis-Joseph), architecte, France.... 556
HAMBURGER (Conrad), peintre, Pays-Bas..... 158
HAMILTON (Thomas), architecte, Grande-Bretagne................................ 604, 147

MM. Pages.

HAMMAN (Edouard), peintre, Belgique....... 33
HAMMER (Guillaume), peintre, Danemark..... 604
HAMON (Jean-Louis), peintre, France......... 340
HANCOC (J.), sculpteur, Grande-Bretagne..... 124
HANEDOES (Laurent), peintre, Pays-Bas..... 158
HANFSTANG (François), lithographe, Bavière.. 23
HANNAH (R.), peintre, Grande-Bretagne...... 94
HANO (Georges), architecte, Belgique........ 58
HANOTEAU (Hector), peintre, France 341
HANSCH (Antoine), peintre, Autriche........ 3
HANSEN (Charles-Chrétien-Constantin), peintre, Danemark.......................... 604
HANSEN (Louis), peintre, Danemark......... 604
HANSON (C.), architecte, Grande-Bretagne.... 147
HANSON (J.-A.), architecte, Grande-Bretagne. 145
HANSTEEN (Mlle Asta), peintre, Wurtemberg. 221
HARDENBERG (Lambert), peintre, Pays-Bas... 158
HARDING (J.-D.), peintre, aquarelle, Grande-Bretagne......................... 94 et 114
HARDWICK (Philip), architecte, Grande-Bretagne................................ 147
HARDWICK (P.-C.), architecte, Grande-Bretagne 147
HARDY (Léopold-Amédée), architecte, France. 557
HARMENON (Scipion-Eugène d'), peintre, France 341
HARPIGNIES (Henry), peintre, France....... 341
HARRISON (Mme A.), peintre aquarelle, Grande-Bretagne.............................. 114
HARTOGENSIS-BZn. (Joseph), peintre, Pays-Bas.................................. 158
HARWEY (W.), graveur sur bois, Grande-Bretagne............................... 139
HASSEMPFLUG (Charles), sculpteur, Hesse.... 153

MM. Pages.

HAUSHOFER (Maximilien), peintre, Autriche.. 4
HAUSSOULLIER (William), peintre, France... 341
HAUTIER (Mlle Eugénie), peintre, France.... 341
HAYES (M.-A.), peintre, aquarelle, Grande-Bretagne.............................. 115
HAYEZ (François), peintre (Autriche)......... 596
HAYTER (sirGeorges), peintre, Grande-Bretagne 94
HEALY (Georges-P.-A.), peintre, Etats-Unis d'Amérique............................ 82
HEARN (Richard), peintre, France........... 341
HÉBERT (Antoine-Auguste-Ernest), peintre, France.............................. 342
HÉBERT (Emile), sculpteur, France.... 385 et 583
HEBERT (Jules), peintre, Suisse............. 227
HEBERT (Pierre), sculpteur, France.......... 485
HEBERT (Théodore), sculpteur, France....... 485
HEDOUIN (Edmond), peintre, France......... 342
HEICKE (Joseph), peintre, Autriche.......... 4
HEIM (François-Joseph), peintre, France...... 343
HEIMERDINGER (Frédéric), peintre, Villes-Anséatiques.......................... 236
HEINLEIN (Henri), peintre, Bavière......... 19
HELLAND (Hendrick), peintre, Norwège..... 222
HÉNAFF (Alphonse-François le), peintre, France.............................. 344
HÉNARD (Antoine-Julien), architecte, France. 557
HENDRICKS (Frederik Hendrick), peintre, Pays-Bas............................ 158
HENGSBACH (François), peintre, Prusse...... 181
HENMAN (C.), architecte, Grande-Bretagne... 148
HENRIQUEL-DUPONT (Louis-Pierre), graveur, France.............................. 518

MM. Pages.

HENSEL (Guillaume), peintre, Prusse........ 181
HERARD (Louis-Pierre), architecte, France... 558
HERBELIN (Mme), née Jeanne-Matilde HABERT, peintre, France........................ 344
HERBERT (J.-R.), peintre, Grande-Bretagne.. 194
HERBIG (Guillaume, peintre, Prusse.......... 181
HERBSTHOFFER (Charles), peintre, France... 345
HEREAU (Jules), peintre, France............ 345
HERINCKX (François), peintre, Belgique...... 34
BERMANN (Henri), peintre, Villes-Anséatiques. 236
HERRENBURGER (André), peintre, Prusse... 182
HERRICK (P -S.), peintre, Grande-Bretagne... 95
HERVIER (Adolphe-Louis), peintre, France.... 345
HEYRAULDT (Louis), peintre, France........ 345
HILDEBRANDT (Edouard), peintre, Prusse.... 182
HILL (W.), architecte, Grande-Bretagne....... 148
HILLEMACHER (Eugène-Ernest), peintre, France................................ 346
HIMELY (Sigismond), graveur, France....... 519
HINTZ (Jules), peintre, France)............. 346
HINTZE (Jean-Henri), peintre, Prusse......... 182
HIRST (J.-H.), architecte, Grande-Bretagne.... 147
HOCKERT (Jean-Frédéric), peintre, Suède.... 214
HOFER (Henri), peintre, France............. 346
HOFFMANN (Auguste), graveur, Prusse....... 200
HOGAN (J.), sculpteur, Grande-Bretagne...... 124
HOGUET (Charles), peintre, Prusse.......... 182
HOLFELD (Dominique-Hippolyte), peintre, France................................ 347
HOLL (Francis), graveur, Grande-Bretagne.... 131
HOLL (William), graveur, Grande-Bretagne.... 132
HOLLAND (J.), peintre, Grande-Bretagne..... 95

MM. Pages.

HOLLANDER CZN (Henri), peintre, Pays-Bas. 159
HOLLINS (J.), peintre, Grande-Bretagne...... 95
HOLLINS (P.) sculpteur, Grande-Bretagne..... 124
HOLTZAPFFEL (Jules), peintre, France....... 347
HOOK (J.-C.), peintre, Grande-Bretagne...... 95
HOPER (T.), architecte, Grande-Bretagne...... 143
HOPPENBROUWERS (Jean-François), peintre, Pays-Bas........................... 158
HORTIGOSA (Pierre), peintre, Espagne....... 67
HORSIN-DÉON (Simon), peintre, France...... 347
HORSLEY (J.-C.), peintre, Grande-Bretagne.. 96
HOSEMAN (Théodore), peintre, Prusse........ 182
HOSTEIN (Edouard-Jean-Marie), peintre, France 347
HOURY (Charles), peintre, France........... 347
HOURY (Mlle Thérèse), peintre, Belgique..... 34
HOUZÉ (Florentin), peintre, Belgique......... 34
HOUSEZ (Gustave), peintre, France........... 348
HOVE (Hubert van), peintre, Pays-Bas....... 159
HOWSE (G.), peintre, aquarelle, Grande-Bretagne................................ 115
HUARD (Pierre), peintre, France............ 348
HUBNER (Charles), peintre, Prusse.......... 183
HUBNER (Julius), peintre, Saxe............. 209
HUET (Paul), peintre et graveur, France. 348 et 519
HUGARD (Claude-Sébastien), peintre, France.. 348
HUGUENET (Jacques-Joseph), architecte, France............................... 559
HULME (F.-W.), peintre, Grande-Bretagne... 96
HUMBERT (Charles-P.), peintre, Suisse....... 228
HUMPHREYS (William), graveur, Grande-Bretagne............................. 132
HUNT (Henry-P.), peintre, États-Unis d'Amérique............................... 82

MM. Pages.

HUNT (W.), peintre, aquarelle, Grande-Bretagne.... 115
HUNT (William-H.), peintre, Grande-Bretagne.. 96
HUNT (William-M.), peintre, États-Unis d'Amérique.... 82
HURLSTONE (F.-Y.), peintre, Grande-Bretagne.... 96
HURTREL (Arsène), peintre, France.... 349
HUSSON (Aristide), sculpteur, France.... 486
HUYGENS (François-Joseph), peintre, Belgique. 34

I'ANSON (E.), architecte, Grande-Bretagne.... 148
IMER (Édouard), peintre, France.... 349
INGANNI (Angelo), peintre, Autriche..... 4 et 598
INDUNO (Dominique), peintre, Autriche.... 597
INDUNO (Jérôme), peintre, Autriche.... 597
INGRES (Jean-Auguste-Dominique), peintre, France.... 349 et 580
INZA, architecte, Espagne.... 75
ISABEY (Eugène-Louis-Gabriel), peintre, France.... 353
ISAMBERT (Alphonse), peintre, France.... 354
ISBERT (Mme), née Cornélie-Camille PAILLARD, peintre, France.... 354
ISELIN (Henri-Frédéric) sculpteur, France.... 486
ISRAELS (Joseph), peintre, Pays-Bas.... 159
ITTENBACH (François), peintre, Prusse.... 183

JACOBBER, peintre, France.... 355
JACOBS (Émile), peintre, Prusse.... 183
JACOBY (Louis), graveur, Prusse.... 200

MM. Pages.

JACKSON (M.), graveur sur bois, Grande-Bretagne.............................. 139
JACOT-GUILLARMOD (Jules), peintre, Suisse. 228
JACQUAND (Claudius), peintre, France. 355 et
JACQUEMART (Henri-Alfred), sculpteur, France.............................. 486
JACQUOT (Georges), sculpteur, France....... 486
JADELOT (Mme), née Sophie WEYER, peintre, France.......................... 355 et 580
JADIN (Louis-Godefroy), peintre, France...... 356
JALABERT (Charles-François), peintre, France. 356
JALEY (Jean-Louis-Nicolas), sculpteur, France. 487
JANDA (Jean-Pierre-Paul), sculpteur, Prusse.. 196
JANET-LANGE (Ange-Louis), peintre, France. 357
JANK (Chrétien), peintre, Bavière........... 19
JANMOT (Jean-Louis), peintre, France....... 357
JAQUET (Jean-Joseph), sculpteur, Belgique... 52
JAQUET (Pierre-Jacques), sculpteur, Belgique. 53
JAZET (Alexandre-Jean-Louis), graveur, France 519
JAZET (Jean-Pierre-Marie), graveur, France... 520
JEANNENEY (Victor), peintre, France....... 358
JEANRON (Philippe-Auguste), peintre, France. 358
JEHOTTE (Louis), sculpteur, Belgique........ 53
JENSEN (Chrétien-Albert), peintre, Danemark.. 604
JENSEN (Jean-Laurent), peintre, Danemark... 605
JERICHAU-BAUMANN (Mme Elisabeth), peintre, Danemark.............................. 605
JERNBERG (Auguste), peintre, Suède......... 214
JEWIT (O.), graveur sur bois, Grande-Bretagne.............................. 139
JOB (Léon), peintre, France................. 358
JOBBÉ-DUVAL (Félix), peintre, France....... 359

MM. Pages.

JOBERT (Mme Sophie) peintre, France........ 359
JOLIN (Édouard), peintre, France............ 359
JOLLIVET (Pierre-Jules), peintre, France..... 359
JOHNSTON (A.), peintre, Grande-Bretagne.... 97
JONES (Adolphe-Robert), peintre, Belgique.... 35
JONES (Owen), architecte, Grande-Bretagne... 148
JONGKIND (Johan-Barthold), peintre, France.......................... 360 et 581
JOPLING (J.-M.), peintre; aquarelle, Grande-Bretagne.............................. 116
JOUFFROY (François), graveur, France...... 487
JOURDAN (Adolphe), peintre, France......... 360
Feu JOYANT (Jules), peintre, France........ 581
JOZAN (Saintin-François), peintre, France.... 360
JUBANY, peintre, Espagne................. 67
JUUEL (André-Thomas), peintre, Danemark.. 605
JUILLERAT (Mme Paul), née Clotilde GÉRARD, peintre, France.......................... 361
JUTSUMH, peintre, Grande-Bretagne......... 97

KAERCHER (Mlle Amélie), peintre, France... 361
KAISER (Johan-Wilhelm), graveur, Pays-Bas. 166
KALCKREUTH (Stanislas, comte de), peintre, Prusse.............................. 183
KAMIONOWSKI (Antoni), sculpteur, Suisse... 232
KANNENGIESSER (G.), peintre, Prusse...... 183
KASELOWSKI (Auguste-Théodore), peintre, Prusse.............................. 183
KATE (Herman, Ten), peintre, Pays-Bas...... 159
KAUFFMANN (Hermann), peintre, Villes-Anséatiques.............................. 237
KAULBACH (Frédéric), peintre, Bavière....... 19

MM. Pages.

KAULBACH (Guillaume de), peintre, Prusse... 184
KEARNEY (W.-H.), peintre; aquarelle, Grande-Bretagne.................................. 116
KEELHOFF (François), peintre, Belgique...... 35
KELLER (Joseph), graveur, Prusse.......... 200
KELLERHOVEN (François), chromo-lithographe, Prusse.......................... 203
KENDALL (H.-T. jun.), architecte, Grande-Bretagne.................................. 148
KIERDORF (Mlle Céline), peintre, France..... 361
KIERS (Pierre), peintre, Pays-Bas........... 159
KIERSCHOEW (Frédéric-Chrétien), peintre, Danemark............................. 605
KIETZ (Ernest-Benedict), peintre, France..... 614
KINDERMANS (Jean-Baptiste), peintre, Belgique.................................. 35
KIORBOE (Charles-Frédéric), peintre, Suède... 215
KISS (Auguste), sculpteur, Prusse............ 197
KLEY (Louis), sculpteur, France............ 487
KLINKHAMER (Hendrick-Abraham), peintre; aquarelle, Pays-Bas....................... 165
KLOEBER (Auguste de), peintre, Prusse...... 184
KLUYVER (Pierre-Louis-François), peintre, Pays-Bas.............................. 159
KNAUS (Louis), peintre, Nassau............. 16
KNECHT (Emile-Frédérich), sculpteur, France. 488
KNIGHT (J.-P.), peintre, Grande-Bretagne.... 97
KOEKKOEK (Barend-Cornelis), peintre, Pays-Bas.................................. 160
KOSTER (Everhardus), peintre, Pays-Bas..... 160
KRAIL (Mlle Charlotte), peintre, Suisse....... 228
KRETZSCHMER (Hermann), peintre, Prusse.. 185

MM. Pages.

KRETZSCHMAR (Edouard), graveur sur bois, Saxe.................................. 212
KRUGER (Charles-Albert), peintre, Prusse..... 185
KRUGER (François), peintre, Prusse.......... 185
KRUSEMAN (Jan-Adam), peintre, Pays-Bas.... 160
KRUSEMAN (Jean-Théodore), peintre, Belgique. 35
KRUSEMAN (Van-Elten-H.-D.), peintre, Pays-Bas.................................. 160
KUHNEN (Pierre-Louis), peintre, Belgique..... 35
KUPELWIESER (Léopold), peintre, Autriche... 4
KUWASSEG (Carl), peintre, Autriche........ 4
KUYTENBROUWER (Martin-Antoine), peintre, Belgique............................. 35
KYHN (Guillaume), peintre, Danemark....... 605

LAAR (Jean-Henri Van de), peintre, Pays-Bas.. 160
LABOUCHÈRE (Pierre-Antoine), peintre, France............................... 361
LABROUSTE (François-Marie-Théodore), architecte, France......................... 588
LABROUSTE (Pierre-François-Henri), architecte, France......................... 587
LACROIX (Gaspard-Jean), peintre, France.... 362
LAEMLEIN (Alexandre), peintre, France...... 362
LAFAGE (Georges LAUJOL de), peintre, France. 362
LAFAYE (Prosper), peintre, France.......... 363
LAFON (Henri), peintre, France............. 363
LAFOND (Alexandre), peintre, France........ 363
LAFOSSE (Jean-Adolphe), peintre, France..... 363
LAGIER (Mlle Erica), peintre, Suisse.......... 228
LAIESZ (Charles-Martin), peintre, Villes-Anséatiques................................ 237

MM. Pages.

LAISNÉ (Jean-Charles), architecte, France..... 560

LALAISSE (François-Hippolyte), peintre, France.................................... 363

LALANNE (Maxime), peintre, France........ 364

LALLEMENT (Mlle Marie-Alexandrine), peintre, France.................................... 364

LAMB (E.-B.), architecte, Grande-Bretagne.... 149

LAMBELIN (Mme), née Virginie SIMONET, peintre, France.................................... 364

LAMBERT (Eugène), peintre, France......... 364

LAMBERT (Eugène), architecte, France....... 560

LAMBINET (Emile), peintre, France.......... 365

LAMI (Louis-Eugène), peintre, France........ 365

LAMORINIÈRE, peintre, Belgique........... 36

LAMOTHE (Louis), peintre, France........... 366

LAMY (Pierre-Auguste), lithographe, France... 536

LANCE (George), peintre, (Grande-Bretagne)... 98

LANCRENON (Joseph-Ferdinand), peintre, France.................................... 366

LANDELLE (Charles), peintre, France........ 366

LANDSEER (sir E.), peintre, Grande-Bretagne. 98

LANDSEER (Thomas), graveur, Grande-Bretagne.................................... 132

LANE (R.-J,), lithographe, Grande-Bretagne... 140

LANGE (Jean-Philippe de), gravure, Pays-Bas. 166

LANGE (Jules), architecte, Bavière........... 23

LANGLOIS (Charles), peintre, France......... 367

LANNO (François-Gaspard-Aimé), sculpteur, France.................................... 488

LANNOY (Marie-Antoine de), architecte, France. 588

LANOUE (Hippolyte-Félix), peintre, France... 367

LANSAC (François-Émile de), peintre, France.. 368

MM. Pages.

LANZIROTTI (Antonio-Giovanni), sculpteur, Deux-Siciles 62
LAPIERRE (Louis-Émile), peintre, France..... 368
LAPITO (Louis-Auguste), peintre, France...... 368
LAPOSTOLET (Charles), peintre, France...... 369
LARIVIÉRE (Charles-Philippe), peintre, France. 369
LAROCHE (Adrien-Barthélemy-Léon), lithographe, France 536
LAROCHE (Amand), peintre, France......... 369
LARSEN (Charles-Frédérik-Emmanuel), peintre, Danemark 600
LARSON (Marcus), peintre, Suède............ 215
LASO (Francisco), peintre, Pérou............ 170
LASSALLE (Émile), lithographe, France...... 537
LASSUS (Jean-Baptiste-Antoine), architecte, France 561
LAUGÉE (Désiré-François), peintre, France.... 369
LAUGIER (Jean-Nicolas), graveur, France..... 520
LAURE (Jules), peintre, France.............. 370
LAURÉCISQUE (Pierre-Léonard), architecte, France 561
LAURENS (Jules-Joseph-Augustin), peintre et lithographe, France............... 370 et 537
LAVAL (Eugène), architecte, France.......... 561
LAVERDET (Marcel-Gustave), peintre, France. 370
LAVIEILLE (Adrien), graveur sur bois; France. 521
LAVIEILLE (Eugène-Antoine-Samuel), peintre, France 370
LAVIGNE (Hubert), sculpteur, France........ 488
LAVOIGNAT (Hippolyte), graveur sur bois, France 521
LAWLOR (J.), sculpeur, Grande-Bretagne..... 124

MM. Pages.

LAYS (Jean-Pierre), peintre, France......... 371
LAZERGES (Jean-Raymond-Hippolyte), peintre, France................................ 371
LEBAS (Gabriel-Hippolyte), peintre, France... 371
LEBAS (Paul), sculpteur, France............. 488
LEBEL (Émile), architecte, France........... 562
LEBLAN (Eugène), architecte, France........ 588
LEBLAN (Jean-Baptiste-Adrien), architecte, France................................ 562
LEBLANC (Jean-Charles), peintre............ 371
LEBOURG (Charles-Auguste), sculpteur, France. 489
LEBOUTEUX (Denis), architecte, France...... 588
LEBRETON, sculpteur, France............... 489
LECHENE (Mme), née Amicie BLAGNY, peintre, France................................ 372
LECHESNE (Auguste-Jean-Baptiste), sculpteur, France................................ 489
LECHESNE DE CAEN (Auguste-Jean-Baptiste), sculpteur, France........................ 489
LÉCLUSE (Mlle Anne-Henriette), peintre, France................................ 372
LECOINTE (Charles-Joseph), peintre, France... 372
LECOMTE (Emile), peintre, France.......... 372
LECOMTE (Narcisse), graveur, France........ 521
LECONTE DE ROUJOU (Auguste-Louis-Gabriel). peintre, France........................ 372
LEE (F.-R.), peintre, Grande-Bretagne....... 99
LEE (W.), peintre; aquarelle, Grande-Bretagne. 116
LEECH (G.), graveur, Grande-Bretagne....... 609
LEFEBURE (Mlle Célina), peintre, France..... 373
LEFEBURE (Gabriel), peintre, France........ 373
LEFEBVRE (Charles), peintre, France........ 373

MM. Pages.

LEFEBVRE (Jules-Joseph), peintre, France.... 373
LEFEVRE-DEUMIER (Mme), née Marie-Louise ROULLEAUX-DUGAGE, sculpteur, France... 480
LEFMAN (Ferdinand), graveur, France....... 521
LEFORTIER (Henri), peintre, France........ 373
LEFUËL (Hector-Martin), architecte, France... 589
LEGENDRE (Isidore-Julien), peintre, France... 374
LEGENTILE (Louis-Victor), peintre, France... 374
LEGRAND (Louis-Auguste), peintre, France... 374
LEGREW (J.), sculpteur, Grande-Bretagne.... 124
LEGRIP (Frédéric), peintre, France.......... 374
LEHARIVEL-DUROCHER (Victor), sculpteur, France.............................. 490
LEHAUT (Mme), née Mathilde BONNET DE LONGCHAMPS, peintre, France........... 374
LEHMANN (Charles-Ernest-Rodolphe-Henri), peintre, France......................... 275
LEHMANN (Rodolphe), peintre, France....... 377
LEHNERT (Pierre-Frédéric), lithographe, France.............................. 537
LEHON (Henri-Sébastien), peintre, Belgique... 36
LEIGHTON (Frédéric), peintre, États-Pontificaux.............................. 78
LEISNIER ((Nicolas-Auguste), graveur, France. 522
LEKEUX (J.-H.), graveur, Grande-Bretagne... 132
LELEUX (Adolphe), peintre, France.......... 378
LELEUX (Armand), peintre, France.......... 378
LELOIR (Jean-Baptiste-Auguste), peintre, France.............................. 378
LELOIR (Mme), née Héloïse COLIN, peintre, France.............................. 379
LEMA (Nicolas Gato de), peintre, Espagne... 67

MM. Pages.

LEMAITRE (Augustin-François), graveur, France........................ 522 et 616
LEMAN (Jacques-Edmond), peintre, France... 379
LEMARCHAND (Mme), née Anna BENARD, peintre, France.............................. 379
LEMMENS (Théophile-Victor-Émile), peintre, France.................................. 379
LEMOINE (Auguste), lithographe, France..... 538
LENEPVEU (Jules-Eugène), peintre, France... 380
LENGLET (Charles-Antoine-Armand), sculpteur, France.................................. 490
LENOIR (Albert-Alexandre), peintre et architecte, France...................... 380 et 562
LENORDEZ (Pierre), sculpteur, France....... 491
LENORMAND (Louis), architecte, France. 563 et 616
LEPARMENTIER (Joseph-Auguste), architecte, France.................................. 563
LÉPAULLE (Guillaume-François-Gabriel), peintre, France................................ 380
LEPOITTEVIN (Eugène), peintre, France..... 381
LEQUESNE (Eugène-Louis), sculpteur, France. 491
LEQUEUTRE (Hippolyte-Joseph), peintre, France.................................. 381
LERAY (Prudent-Louis), peintre, France...... 381
LEROUX (Charles-Marie-Guillaume), peintre, France.................................. 382
LEROUX (Eugène), lithographe, France....... 538
LEROUX (Jean-Marie), graveur, France....... 522
LEROY (Alphonse), graveur, France.......... 522
LEROY (Louis), peintre et graveur, France 382 et 523
LESCUYER (Mlle Léonie), peintre, France..... 382
LESLIE (C.-R.), peintre, Grande-Bretagne..... 99

MM. Pages.

LESOURD DE BEAUREGARD (Ange-Louis-Guillaume), peintre, France.................... 382
LEU (Auguste), peintre, Prusse.............. 185
LEULLIER (Louis-Félix), peintre, France..... 383
LEVASSEUR (Jules-Gabriel), graveur, France. 523
LEVEAU (Alphonse), peintre, France......... 383
LEVEEL (Armand), sculpteur, France........ 491
LEWIS (F.-C.), graveur, Grande-Bretagne.... 133
LEWIS (J.-F.), peintre, aquarelle, Grande-Bretagne................................ 116
LEWIS CHAS (G.), graveur, Grande-Bretagne. 132
LEVY (Gustave), graveur, France............ 523
LEVY (Emile), peintre, France............... 383
LEYGUE (Eugène), peintre, France........... 384
LEYS (Henri), peintre, Belgique............. 36
LHOTELLIER (Emile), peintre, France....... 384
LIEFLAND (Johannes van), peintre, Pays-Bas. 161
LIES (Joseph), peintre, Belgique............. 37
LIESTE (Cornélis), peintre, Pays-Bas......... 161
LITRAS (Nicéphore), peintre, Grèce.......... 609
LIEVRE (Edouard), peintre, France.......... 384
LIGHTFOOT (Petit), graveur, Grande-Bretagne.. 133
LINDEGREN (Mlle Amélie), peintre, Suède. .. 216
LINDEMAN-FROMMEL (Karl), lithographe, Bade.................................. 17
LINDLAR (Jean-Guillaume), peintre, Prusse.... 186
LINNELL (John), peintre, Grande-Bretagne.... 99
LINNELL (John), lithographe, Grande-Bretagne. 141
LINNELL (J.-T.), lithographe, Grande-Bretagne 141
LINNELL (W.), lithographe, Grande-Bretagne. 144
LINNING (Wilhem), peintre, Belgique......... 37
LINTON (W.), peintre, Grande-Bretagne...... 100

MM. Pages.

LINTON (W.-J.), graveur sur bois, Grande-Bretagne.................................. 139
LINZ (Pierre), sculpteur, Bade............... 16
LITRAS (Nicéphore), peintre, Grèce.......... 609
LOCKYER (J.-M.), architecte, Grande-Bretagne 149
LOIRE (Léon), peintre, France.............. 383
LOISON (Pierre), sculpteur, France.......... 491
LONGCHAMP (Mlle Henriette), peintre, France. 384
LOPEZ (Bernard), peintre, Espagne.......... 68
LOPEZ (Luis), peintre, Espagne............. 68
LOREILLE (Jules), peintre, France........... 385
LORENZALE (Claudio), peintre, Espagne...... 68
LORICHON (Constant-Louis-Antoine), graveur, France.............................. 524
LOT (Henry), peintre, Prusse............... 186
LOUBON (Emile), peintre, France........... 385
LOUSTAU (Jacques-Joseph-Léopold), peintre, France................................ 385
LOUTREL (Victor-Jean-Baptiste), lithographe, France................................ 538
LOYER (Auguste), peintre, France........... 386
LUCAS (Auguste), peintre, Hesse-Darmstadt... 611
LUCAS (Eugène), peintre, Espagne........... 68
LUCY (C.), peintre, Grande-Bretagne......... 100
LUGARDON (Jean-Léonard), peintre, Suisse... 228
LUINI (Jean), sculpteur, Autriche............ 9
LUMINAIS (Evariste-Vital), peintre, France.... 386
LUNDGREN (Egron), peintre, Suède......... 216
LUNTESCHUTZ, (Jules), peintre, Villes-Anséatiques............................. 237

MAATEN (Jan Jacob Vander), peintre, Pays-Bas................................ 161

MM. Pages.

MACDONALD (L.), sculpteur, Grande-Bretagne. 124
MACDOWELL (P.), sculpteur, Grande-Bretagne. 124
M' INNES (A.), peintre, Grande-Bretagne..... 100
M' KEWAN (D. H), peintre, aquarelle, Grande-Bretagne.............................. 116
MACLISE (D. M.), peintre, Grande-Bretagne ... 100
MACNEE (D.), peintre, Grande-Bretagne...... 101
MADOU (Jean-Baptiste), peintre, Belgique..... 37
MADRAZO (Federico de), peintre, Espagne.... 68
MADRAZO (Louis de), peintre, Espagne....... 69
MADRAZO Y KUNTZ, architecte, Espagne.... 75
MAGAUD (Adolphe-Jacques-Gabriel), peintre, France.............................. 386
MAGAUD (Dominique-Antoine), peintre, France. 386
MAGNI (Pierre), sculpteur, Autriche.......... 9
MAGNUS (Édouard), peintre, Prusse......... 186
MAGUIRE (T. H), lithographe, Grande-Bretagne.............................. 141
MAGY (Jules-Édouard), peintre, France....... 386
MAILAND (Nicolas-Henri-Gustave), peintre, France.............................. 387
MAILLET (Jacques-Léonard), sculpteur, France. 492
MAILLOT (Charles-Désiré-Claude), peintre, France.............................. 387
MAILLOT (Nicolas-Sébastien), peintre, France.. 387
MAINDRON (Hippolyte), sculpteur, France.... 492
MAISIAT (Joanny), peintre, France 387
MALGRATI (Ange), sculpteur, Autriche....... 10
MALLAY fils (Jean-Baptiste-Émile), architecte, France.............................. 563
MALLISTCH (Ferdinand), peintre, Autriche... 4
MANCEAU (Alexandre-Damien), graveur, France.............................. 524

MM. Pages.

MANDEL (Édouard), graveur, Prusse et France........................ 201 et 524
MANFREDINI (Gaietan), sculpteur, Autriche... 10
MANIGAUD (Jean Claude), architecte, France.. 564
MANGUIN (Pierre), architecte, France........ 564
MARBEAU (Philippe), peintre, France......... 387
MARC (Auguste), peintre, France............ 387
MARCELLIN (Jean-Esprit, sculpteur, France.. 493
MARCHAL (Charles), peintre, France......... 388
MARCHESI (Louis), sculpteur, Autriche....... 10
MARE (Johannes de), graveur, Pays-Bas...... 167
MARÉCHAL père (Charles-Laurent), peintre, France.............................. 388
MARGETTS (Mme), peintre, aquarelle, Grande-Bretagne.............................. 117
MAROCHETTI (Charles), sculpteur, France.... 583
MARQUIS (Pierre-Charles), peintre, France.... 388
MARSHALL (W. C.), sculpteur, Grande-Bretagne.............................. 125
MARSTRAND (Guillaume-Nicolas), peintre, Danemark........................... 606
MARTIN (Auguste), sculpteur, France......... 493
MARTIN (Hugues), peintre, France.......... 888
MARTIN (Paul), peintre, Bavière............ 19
MARTINET (Achille-Louis), graveur, France.. 525
MARTINEZ (Dominique), peintre et graveur, Espagne.......................... 70 et 73
MASSARD (Léopold), peintre, France......... 389
MASSAU (François-Paul), graveur, Prusse..... 201
MASSENOT (Charles), peintre, France........ 389
MASSON (Alphonse), graveur, France......... 525
MASSY (Henri-Édouard), peintre, France...... 389

Pages.

MM.

MASURE (Jules), peintre, France.......... 389
MATET (Charles-Paulin-François), peintre, France.......................... 389
MATHIEU (Jean-Justin), sculpteur, France.... 493
MATHIEU (Justin), sculpteur, France........ 493
MATHIEU (Laurent), peintre, Belgique....... 37
MATHYSEN (Jean), peintre, Belgique......... 38
MATOUT (Louis), peintre France............ 390
MAURIZIO (Félix de), peintre, Autriche....... 598
MAX (Emmanuel), sculpteur, Autriche........ 10
MAX (Joseph, sculpteur, Autriche............ 11
MAZEROLLE (Joseph-Alexis), peintre, France. 390
MAZZA (Joseph), peintre, Autriche 598
MAZZA (Sauveur), peintre, Autriche.......... 4
MAZZOCCHI DE BELLUCI (Tito), peintre, Toscane.......................... 234
MAZZOLA (Joseph), peintre, Autriche........ 598
MAYER-ATTENHOFER (Jacques), peintre, Suisse.......... 228
MAYRE (Charles-Étienne), peintre, France.... 390
MEASOM (W.), graveur sur bois, Grande-Bretagne.......................... 139
MEDICI (François), peintre, États-Pontificaux.. 78
MEISSONIER (Jean-Louis-Ernest), peintre, France.... .... 390 et 581
MELBYE (Antoine), peintre, Danemark........ 59
MELIN (Joseph), peintre, France............. 390
MÉLINGUE (Étienne-Marin), sculpteur, France. 494
MELLÉ (Auguste-Léon), peintre, France...... 391
MELLING (Henri), graveur, Grande-Bretagne.. 133
MELOT (Égide), sculpteur, Belgique.......... 603
MELOTTE (Édouard-Auguste), peintre, France. 391

MM. Pages.

MENDOZA (François de), peintre, Espagne.... 70
MÈNE (Pierre-Jules), sculpteur, France....... 494
MENISINI (Louis), sculpteur, Autriche........ 11
MENZEL (Adolphe), peintre, Prusse.......... 186
MERINDOL (Jules-Amieth de), architecte, France............................ 565
MERINO (Ignacio), peintre, Pérou........... 170
MERLE (Hugues), peintre, France............ 391
MERLEY (Louis), sculpteur, France.......... 494
MERTZ (Jean-Cornelis), peintre, Pays-Bas..... 161
MERY (Alfred-Émile), peintre, France........ 391
MERYON (Charles), graveur, France......... 526
METRASS (Francisco-Auguste), peintre, Portugal................................ 172
MEUNIER (Jean-Baptiste), peintre et graveur, Belgique......................... 38 et 603
MEURON (Albert de), peintre, Suisse......... 229
MEUSNIER (Mathieu), sculpteur, France...... 495
MÉVIUS (Hermann), peintre Prusse.. 186
MEYER (Jean-Georges), peintre, Prusse....... 187
MEYER (Louis), peintre, Pays-Bas........... 161
MEYERHEIM (Frédéric-Édouard), peintre, Prusse............................. 187
MEYNIER (Jules-Joseph), peintre, France..... 392
MICHAUD (Claude), sculpteur, France........ 495
MICHAUD fils (François), sculpteur, France... 616
MICHEL (Charles-Henri), peintre, France..... 392
MICHEL (Émile-François), peintre, France.... 392
MICHEL PASCAL (François), sculpteur....... 495
MICHELINI (L.), sculpteur, France.......... 496
MICHELIS (Alexandre), peintre, Prusse....... 187
MIDY (Eugène-Raymond), peintre, France..... 392

MM. Pages.

MIGLIORETTI (Pascal), sculpteur, Autriche.. 601
MILLAIS (J.-E.), peintre, Grande-Bretagne... 101
MILLER (F.-M.) sculpteur, Grande-Bretagne.. 125
MILLER (William), graveur, Grande-Bretagne. 133
MILLET (Aimé), peintre et sculpteur, France. 392 et 496
MILLET (Eugène-Louis), architecte, France... 565
MILLET (Frédéric), peintre, France.......... 593
MILLET (Jean-François), peintre, France..... 393
MIMEY (Maximilien), architecte, France...... 589
MIRABENT, peintre, Espagne.............. 70
MOELLER (Charles-Henri), sculpteur, Prusse.. 197
MOENCH-MUNICH (Charles-Victoire-Frédéric), peintre, France 393
MOËRMAN (Albert Ed.), peintre, Belgique.... 38
MOESER graveur, Prusse.................. 201
MOIGNIEZ (Jules), sculpteur, France.... 496
MOLIN (Jean-Pierre), sculpteur, Suède....... 218
MOLTENI (Joseph), peintre, Autriche......... 599
MONFALLET (Adolphe-François), peintre, France.......................... 394
MONGINOT (Charles) peintre, France......... 394
MONGODIN (Victor), peintre, France......... 394
MONIES (David), peintre, Danemark.......... 606
MONTAGNE (Pierre-Marius), sculpteur, France. 497
MONTAGNY (Etienne), sculpteur, France..... 497
MONTANES (Bernardin), peintre, Espagne.... 70
MONTFORT (Antoine-Alphonse), peintre, France. 394
MONTPEZAT (Henri, comte de), peintre, France 395
MONVOISIN (Mme), née Dominique FESTA, peintre, France...................... 395
MOORE (C.), sculpteur, Grande-Bretagne...... 125

MM. Pages.

MORAIN (Pierre), peintre, France........... 395
MOREAU (Edouard-Jean-Baptiste), peintre, France.............................. 395
MOREAU (Gustave), peintre, France.......... 396
MOREAU (Mathurin), sculpteur, France...... 497
MOREAU (Réné-Nicolas), peintre, France..... 396
MOREL-FATIO (Antoine-Léon), peintre, France. 396
MOREY (Mathieu-Prosper), architecte, France. 589
MORGENSTERN (Chrétien), peintre, Bavière.. 19
MORITZ (William), peintre, Suisse........... 220
MOSBRUGGER (Joseph), peintre, Bade........ 15
MOTELLI (Caietan) sculpteur, Autriche......... 15
MOTTEZ (Victor-Louis), peintre, France....... 396
MOUILLERON (Adolphe), lithographe, France.. 539
MOURET (Achille-Ernest) peintre, France..... 397
MOYNET (Jean-Pierre), peintre, France...... 397
MOYNIER (Auguste), peintre, France........ 397
MOYSÉ (Edouard) peintre, France........... 397
MOZIN (Charles-Louis), peintre, France....... 397
MUCKE (Henri), peintre, Prusse............. 187
MULLER de Paris (Charles-Louis), peintre, France.............................. 398
MULLER (Charles), peintre, Prusse........... 188
MÜLLER (Charles-Guillaume), peintre, Bavière. 19
MULLER (Frédéric), peintre, Bavière......... 20
MULLER (Karl), peintre, Wurtemberg........ 239
MULLER (Morton), peintre, Norwége)........ 222
MULLER (Victor), peintre, Villes-Anséatiques et France........................ 287 et 399
MULREADY (W.), peintre, Grande-Bretagne.. 101
MULVANY (G.-F.), peintre, Grande-Bretagne.. 126
MUNOZ, architecte, Espagne............... 188

MM. Pages.

MUNRO (A.), sculpteur, Grande-Bretagne...... 126
MURAT (Jean), peintre, France.............. 399
MURILLO (Benito), peintre, Espagne......... 71
MUSIN (François), peintre, Belgique.......... 38
MUSSINI (Louis), peintre, France............ 399
MUTEL (Mlle Herminie), peintre, France...... 400
MUTRIE (Mlle A.-F.), peintre, Grande-Bretagne 102
MUYDEN (Alfred van), peintre, Suisse........ 229

NAFTEL (P.-J.), peintre, aquarelle, Grande-Bretagne.............................. 117
NAIGEON (Elzidor), peintre, France......... 400
NANTEUIL (Célestin), peintre et lithographe, France......................... 400 et 539
NARGEOT (Jean-Denis), graveur, France..... 526
NASH (Joseph), peintre, aquarelle, Grande-Bretagne.............................. 117
NAST (Gustave), sculpteur, France........... 497
NAUDIN (Jules), peintre, France............. 401
NAVLET (Victor), peintre (architecture), France.............................. 566
NAZON (François-Henri), peintre, France..... 401
NÈGRE (Alphonse), peintre, France.......... 401
NÈGRE (Charles), peintre, France........... 401
NEHER (Bernard Von), peintre, Wurtemberg.............................. 239
NEHER (Michel), peintre, Bavière........... 20
NIEUWERKERKE (le comte Emilien de), sculpteur, France......................... 583
NIMMO John), peintre, France............. 402
NOBLE (M.), sculpteur, Grande-Bretagne..... 126
NODE (Charles), peintre, France............ 402

MM. Pages.

NOEL (Alphonse-Léon), lithographe, France... 539
NOEL (Jules), peintre, France............... 402
NOGENT (le vicomte Joseph de), sculpteur, France.................................... 498
NORDENBERG (Beng.), sculpteur, Suède...... 216
NORDLINGER (Carl), peintre et graveur, Wurtemberg......................... 239 et 240
NORMAND (Alfred-Nicolas), architecte, France. 589
NORMAND (Charles-Victor), peintre, France... 402
NUMANS (Auguste), graveur, Belgique....... 56
NUSSER (Henri), graveur, Prusse............ 201
NYHOFF (Elie), peintre, Pays-Bas........... 161

OAKES (J.-W.), peintre, Grande-Bretagne..... 102
O'CONNELL (Mme), née Frédérique - Auguste MIÈTHE, peintre, France................ 402
OFFERMANS (Antoine-Jacques), peintre, Pays-Bas.................................... 161
OLDERMAN (Ernest-Frédéric), graveur, Prusse. 201
OLESZCZINSKI (Antoni), graveur, France.... 526
OLIVA (Alexandre), sculpteur, France........ 498
O'NEIL (H.), peintre, Grande-Bretagne....... 102
ORSCHWILLER (Hippolyte d'), peintre, France. 403
ORSZAGH (Antoine d'), peintre, Autriche..... 5
ORTIZ, architecte, Espagne.................. 75
OS Petrus-Frédéric Van), peintre, Pays-Bas... 162
OSTERMANN (Louis), sculpteur, graveur en médailles, Prusse.......................... 197
OSTERMAYER (Joseph), peintre, Bavière..... 20
OTTESEN (Othon-Didier), peintre, Danemark.. 606
OTTIN (Auguste), sculpteur, France.......... 498
OUDINÉ (Eugène-André), sculpteur, graveur en médailles.................................. 499

MM. Pages.

OURY (Charles), graveur (architecture), France. 566
OUTHWAITE (Jean-Jacques), graveur, France. 526
OUTREBON (Mme Julie), peintre, France...... 403
OUTRIM (J.), graveur, Grande-Bretagne...... 133
OUVRIÉ (P.-Justin), peintre, France........ 403

PACCARD (Alexis), architecte, France........ 590
PAGANI (Pierre), sculpteur, Autriche......... 11
PALIZZI (Joseph), peintre, France............ 403
PAGLIANO (Éleuthère), peintre, Autriche..... 599
PAGNIUCCI, sculpteur, Espagne............ 72
PALM (Gustave-Wilhelm), peintre, Suède...... 216
PALMER (S.), peintre, Grande-Bretagne...... 117
PANNEMAKER (François-Adolphe), graveur sur bois, Belgique........................ 57
PANNIER (Jacques-Étienne), graveur, France... 527
PANNIER (Mme), née Marie-Louise DUMAIGE, graveur, France........................ 527
PAPE (Édouard), peintre, Prusse............ 138
PAPIN (Jean-Adolphe), peintre, France....... 404
PARCERISA (Francisco-Xavier), lithographe, Espagne.............................. 74
PARDINEL (Jean-Charles), graveur, France... 527
PARK (P.), sculpteur, Grande-Bretagne....... 126
PARIS (François-Joseph), peintre, Deux-Siciles. 61
PASCAL (Antoine), peintre, France........... 404
PASSOT (Gabriel-Aristide), peintre, France... 404
PATANIA, peintre, Deux-Siciles.............. 61
PATERNOSTRE (Louis), peintre, Belgique.... 38
PATON (J.-N.), peintre, Grande-Bretagne...... 108
PATRICIO (Antonio-Jose), peintre, Portugal... 173
PATROIS (Isidore), peintre, France........... 405

MM. Pages.

PATTEN (G.), peintre, Grande-Bretagne...... 103
PAUL (Wilhelm), peintre, France............ 405
PAULLET (Léon-Eugène-Dominique), peintre, France.............................. 405
Feu PAUTARD (Marc), sculpteur, France...... 499
PAUWELS (Joseph), peintre, Belgique........ 38
PAXTON (sir Joseph), architecte, Grande-Bretagne.............................. 149
PECHER (Jules), peintre, Belgique.......... 38
PELLOLI (Antoine), sculpteur, Autriche...... 11
PELT (Abraham Van), peintre, Pays-Bas...... 162
PEMMAS (Philippe), sculpteur, Grèce......... 640
PENEL (Louis-Félix), graveur (architecture), France.............................. 566
PENGUILLY-LHARIDON (Octave), peintre, France.............................. 405
PENLEY (A.), peintre, Grande-Bretagne...... 118
PENNE (Charles-Olivier de), peintre, France... 406
PENROSE (F.-C.), architecte, Grande-Bretagne. 149
PENSOTTI (Mme), née Céleste MARTIN, peintre, France.............................. 406
PENUELA (Mlle Mathilde AÏTA DE LA), peintre, Espagne.............................. 71
PEREIRA (Leonel-Marques), peintre, Portugal. 173
PERIGNON fils (Alexis), peintre, France...... 406
PERIN (Alphonse), peintre, France........... 406
PERNOT (François-Alexandre), peintre, France. 407
PEROTI, peintre, Sardaigne................. 206
PERRAUD (Joseph), sculpteur, France........ 499
PERRET (Jean-Baptiste), peintre, France..... 409
PERREY (aimé-Napoléon), sculpteur, France... 500
PERROT (Louis-Alfred), architecte, France.... 567

MM. Pages.

PESCHEL (Charles), peintre, Saxe........... 210
PESCHIERA (Frédéric), peintre, Sardaigne.... 207
PETERS (Chrétien-Charles), sculpteur, Danemark.................................. 608
PETIT (Savinien), achitecte, France........... 567
PETIT (Victor-Jean-Baptiste), architecte, France. 568
PEYRE (Jules), sculpteur, France........... 500
PEYROL (Mme), née Juliette BONHEUR, peintre, France............................. 407
PEYRONNET (Jean-Baptiste), architecte, Espagne................................ 76
PEZOUS (Jean), peintre, France........ 407
PFNOR (Rodolphe), graveur, Hesse.......... 611
PHILIPP (J.), peintre, Grande-Bretagne...... 102
PHILIPPE (Désiré), peintre, France.......... 408
PHILIPPON (Pierre-François-Nicolas), architecte, France.......................... 358
PHILIPPOTEAUX (Félix-Henri-Emmanuel), peintre, France.......................... 408
PHYTALIS (Georges), sculpteur, Grèce....... 610
PHYTALIS (Lazare), sculpteur, Grèce........ 610
PICHARD (Émile-Pierre), graveur, France.... 527
PICHON (Pierre-Auguste), peintre, France.... 408
PICKERSGILL (F. R.), peintre, Grande-Bretagne.............................. 104
PICKERSGILL (H. W.), peintre, Grande-Bretagne.............................. 103
PICOU (Henri-Pierre), peintre, France........ 409
PIENEMAN (Nicolas), peintre, Pays-Bas...... 162
PIERDON (François), graveur, France........ 527
PIERLAS (le comte Hippolyte de), peintre et sculpteur, Sardaigne................ 207 et 208

MM. Pages.

PIERON (Gustave), peintre, Belgique 39
PIEROTTI (Joseph), sculpteur, Autriche 12
PIERRON (Charles-François), peintre, France.. 409
PIETROWSKI (Maximilien-Antoine), peintre, Prusse 188
PIGAL (Edme-Jean), peintre, France 409
PIGNEROLLE (Charles-Marcel de), peintre, France 409
PILS (Isidore-Adrien-Auguste), peintre, France. 409
PINGRET (Joseph-Arnold), sculpteur, France.. 500
PIOT (Mme Charles), née Jeanne-Adèle LEMAIRE, peintre, France 410
PIOTRUSZYNSKI (Antoni), peintre, France... 410
PIROLA (Caietan), architecte, Autriche........ 14
PLACE (Henri), peintre, France 410
PLASSAN (Antoine-Émile), peintre, France... 410
PLATTEEL (Jean-David), peintre, Belgique.... 39
PLOCKHORST (Bernard), peintre, Saxe....... 210
PLUYETTE (Auguste-Victor), peintre, France. 411
PODESTI (François), peintre, États-Pontificaux. 78
POITEVIN (Philippe), sculpteur, France...... 500
POLAK (Maurice), peintre, France 411
POLLAK (Guillaume), peintre, Autriche....... 5
POLLET (Joseph-Michel-Ange), sculpteur, France................................ 501
POLLET (Victor-Florence), peintre et graveur, France.......................... 411 et 528
POMMAYRAC (Pierre-Paul de), peintre, France. 411
PONS (Pierre), sculpteur, France............. 501
PONZANO (Ponciano), sculpteur, Espagne.... 73
POOLE (P. F.), peintre, Grande-Bretagne..... 104
PORTAELS (Jean-François), peintre, Belgique. 39

MM. Pages.

PORTMANN (Guillaume), peintre, Prusse..... 188
POTHÉRAT (Prosper), peintre, France........ 412
POTTER (R. H.), architecte, Grande-Bretagne. 149
POTTIN (Henri-Louis-Aimé), peintre, France.. 412
POSSELWHITE (Jas), graveur, Grande-Bretagne.............................. 134
POUSSIN (Pierre-Charles), peintre, France.... 412
POWERS-ALANSON (G.), peintre, États-Unis d'Amérique............................ 83
PRÉVOST (Zachée), graveur, France......... 528
PRICHARD (architecte), Grande-Bretagne..... 149
PRIEUR (Romain-Étienne-Gabriel), peintre, France.............................. 412
PRILLIEUX (Pierre-Victor), peintre, France... 413
PRINETTI (Constantin), peintre, Autriche..... 599
PRINOTH (François), sculpteur, Bavière...... 22
PRINTZ (Christian-Auguste), peintre, Norwége. 222
PRIOR (T. A.), graveur, Grande-Bretagne.... 134
PRON (Louis-Hector), peintre, France........ 413
PROTHEAU (François), sculpteur, France..... 501
PROUHA (Pierre-Bernard), sculpteur, France.. 501
PRUCHE (Clément), peintre, France.......... 413
PULLAN R. P.), architecte, Grande-Bretagne... 150
PYE (John), graveur, Grande-Bretagne....... 134
PYNE (J.-B.), peintre, Grande-Bretagne....... 104

QUESTEL (Charles-Auguste), architecte, France.............................. 568
QUINAUX (Joseph), peintre, Belgique........ 40
QUINIER (Mlle Adèle), peintre, France........ 413
QWARNSTRÖM (Charles-Gustave), sculpteur, Suède................................ 218

MM. Pages.

RADNITZKI (Charles), sculpteur, Autriche.... 12
RAFAEL (Joachim), sculpteur, Portugal...... 174
RAFFALT (Ignace), peintre, Autriche......... 5
RAGGI (Nicolas-Bernard), sculpteur, France... 502
RAILTON (W.), architecte, Grande-Bretagne.. 150
RAMBOUX (Jean-Antoine), peintre, Prusse.... 188
RAMUS (Joseph-Marius), sculpteur, France... 502
RANKLEY (A.), peintre, Grande-Bretagne.... 104
RASSAT, peintre, Sardaigne................ 207
RAUCH (Chrétien), sculpteur, Prusse......... 198
RAUCH (Jules), peintre, Prusse............. 189
RAUNHEIM (Hermann), lithographe, France... 540
RAVEL (Jules), peintre, France.............. 413
RAVEN (Ernest de), peintre, Prusse.......... 189
RAVENEAU (Mme), née Rose MOIGNAT, peintre, France.......................... 414
RAVERAT (Vincent-Nicolas), peintre, France. 414
RAVERGIE (Hippolyte), peintre, France...... 414
RAYMONDI (Ludovic), peintre, Sardaigne.... 207
REDGRAVE (R.), peintre, Grande-Bretagne.... 105
REGNAULT (Thomas-Casimir), graveur, France.................................. 529
REGNIER (Mme), née Victorine BARBIER, peintre, France........................ 414
REIGNIER (Jean), peintre, France........... 414
REMILLIEUX (Pierre-Etienne), peintre, France.................................. 415
RENIÉ (Nicolas), peintre, France............ 415
Feu RENOIR (Joseph-Alexandre), sculpteur, France.................................. 502
REVERCHON (Marc-Emile), peintre, France... 415
REVOIL (Henri), architecte, France.......... 569

MM. Pages.

REVON (Mlle Louise), peintre, Suisse......... 229
REY (Mlle Suzanne), peintre, Suisse.......... 229
RIBAULT (Auguste-Louis-François), architecte, France.............................. 569
RIBERA (Charles-Louis), peintre, Espagne.... 71
RICARD (Louis-Gustave), peintre, France..... 415
RICCARDI (Louis), peintre, Autriche......... 599
RICHARD (A.), peintre, aquarelle, Grande-Bretagne.......................... 105 et 118
RICHARDSON (T.-M.), peintre; aquarelle, Grande-Bretagne....................... 118
RICHAUD (Joseph), peintre, France.......... 416
RICHOMME (Jules), peintre, France.......... 416
RICHTER (Auguste), peintre, Saxe........... 210
RICHTER (Adrien-Louis), peintre, Saxe....... 210
RICHTER (Gustave), peintre, Prusse......... 189
RIESENER (Louis-Antoine-Léon), peintre, France.............................. 416
RIETSCHEL (Ernest), sculpteur, Saxe........ 612
RIFFAULT (Adolphe-Pierre), graveur, France. 529
RIGO (Vincent-Alfred-Jules), peintre, France.. 417
RIOCREUX (Alfred), peintre, France......... 417
RIOULT (Louis-Edouard), peintre, France..... 417
RIPPINGILLE (E.-V.), peintre, Grande-Bretagne 105
RISOON (E.), chromo-lithographe, Grande-Bretagne............................ 142
RITCHIE (R.), architecte, Grande-Bretagne.... 144
ROBBE (Henri), peintre, Belgique........... 40
ROBBE (Louis), peintre, Belgique............ 40
ROBERT (Alexandre), peintre, Belgique....... 40
ROBERT (Louis-Valentin-Elias), sculpteur..... 503
ROBERT-FLEURY (Joseph-Nicolas), peintre, France............................. 418

MM. Pages

ROBERTS (Arthur-Henri), peintre, France.... 418
ROBERTS (D.), peintre, Grande-Bretagne.... 105
ROBERTSON (John), peintre, États-Unis d'Amérique........ 83
ROBIE (Jean), peintre, Belgique............ 40
ROBINET (Pierre-Alfred), sculpteur, France.. 503
ROBINS (T.-S.), peintre, aquarelle, Grande-Bretagne.......................... 118
ROBINSON (Henry), peintre, Grande-Bretagne. 134
ROBINSON (J.-H.), graveur, Grande-Bretagne.. 135
ROCHE (Marie-Alexandre), peintre, France ... 419
ROCHET (Louis), sculpteur, France.......... 503
ROCHUSSEN (Charles), graveur, Pays-Bas.... 167
RODAKOWSKI (Henri), peintre, France...... 419
RODDE (Gustave-Charles), peintre, Prusse.... 189
RÖDER (Mlle Elseline), peintre, Pays-Bas..... 162
RODRIGUES, sculpteur, Espagne............ 73
RODRIGUES (Jose), peintre, Portugal........ 173
ROED (Georges), peintre, Danemark......... 606
RŒDER (Jules), peintre, Prusse............. 189
ROEHN fils (Alphonse-Jean), peintre, France... 419
ROELOFS (William), peintre, Belgique....... 41
ROETING (Jules), peintre, Prusse........... 189
ROFFIAEN (Jean-François), peintre, Belgique. 41
ROGER (Adolphe), peintre, France........... 419
ROHDE (Nicolas-Frédéric-Martin, peintre, Danemark.............................. 607
ROLLAND (Anguste), peintre, France........ 420
ROLLER (Jean), peintre, France............. 420
ROLLS (Charles), graveur, Grande-Bretagne... 135
ROMANELLI (Pasquale), sculpteur, Toscane... 613
ROMANO (Charles), sculpteur, Autriche...... 12

MM. Pages.

RONOT (Charles), peintre, France............ 420
ROQUEPLAN (Camille), peintre, France....... 421
ROSENFELDER (Louis), peintre, Prusse...... 190
ROSIERSE (Johannes), peintre, Pays-Bas..... 162
ROSOTTE (Édouard-Charles-Joseph), graveur, France................................ 529
ROSS (Charles), peintre, Bavière............. 20
ROSS (Sir W.), peintre, aquarelle, Grande-Bretagne................................ 118
ROSSI (Ange), peintre, Autriche............. 600
ROSSI (Alexandre), sculpteur, Autriche....... 12
ROSSITER (Thomas), peintre, États-Unis d'Amérique................................ 83
ROTHWELL (R.), peintre, Grande-Bretagne.. 105
ROUBAUD (François-Félix), sculpteur, France.. 534
ROUGEMONT (Mme), née Émilie GOHIN, peintre, France........ 421
ROUGET (Georges), peintre, France.......... 421
ROUSSEAU (Edme), peintre, France 422
ROUSSEAU (Léon), peintre, France........... 422
ROUSSEAU (Philippe), peintre, France........ 423
ROUSSÉAU (Théodore), peintre, France 423
ROUSSEL (Mlle Amélie), peintre, France..... 424
ROUX (Léon), architecte, France............. 510
ROUX (Prosper-Louis), peintre, France....... 424
RUDDER (Louis-Henri de), peintre, France.... 425
RUDE (François), sculpteur, France........... 504
RUDE-FREMIET (Mme), née Sophie FREMIER, peintre, France,......................... 425
RUHIÈRE François-Théodore), graveur, France 530
RUMP (Chrétien-Geoffroy), peintre, Danemark. 607
RUPRICH-ROBERT (Victor-Marie-Charles), architecte, France........................ 570

MM. Pages.

RUTHS (J. G.-Valentin), peintre, Prusse...... 191
RYALL (Henri – T.), graveur, Grande-Bretagne.................................. 136
RYK (J.-A. de), peintre, Pays-Bas........... 162

SAAL (Georges), peintre, Bade............... 15
SABATIER (François-Victor), architecte, France. 571
SAGSTAETTER (Hermann), peintre, Bavière.. 20
SAINT-ALBIN (Mme Céline HORTENSIUS de), peintre, France......................... 425
SAINT-EVE (Jean-Marie), graveur, France.... 580
SAINT-JEAN (Simon), peintre, France........ 425
SAINT-MARCEL-CABIN (Charles-Edme), peintre, France......................... 426
SALCES, architecte, Espagne................ 76
SALA (Elisée), peintre, Autriche............. 600
SALIS (Jean-Adrien-Junytack de), peintre, Java (Pays-Bas)........................ 162
SALMON (Gustave), peintre, France.......... 426
SALMON (Louis-Adolphe), peintre et graveur, France...................... 427 et 530
SALMON (Théodore-Frédéric), peintre, France.. 427
SALMSON (Jean-Baptiste), sculpteur, France.. 504
SALTER (W.), peintre, Grande-Bretagne...... 106
SALTZMANN (Gustave), peintre, France...... 427
SALVIN (A.), architecte, Grande-Bretagne..... 150
SALZARD (Pierre-Louis-Renaud), peintre et sculpteur........................... 428 et 505
SANT (J.), peintre, Grande-Bretagne......... 106
SANTIAGO Y MORENO (le général Léonardo), peintre, Espagne......................... 71
SANZEL (Félix), sculpteur, France........... 505

MM. Pages.

SARGENT (Louis-Alfred), graveur........... 531
SARTORIUS (Mlle Virginie de), peintre, Belgique............................ 41
SASSO (Antoine), peintre, Toscane........... 234
SAUVAGE (Nicolas), graveur, France......... 531
SAUVAGEOT (Claude), architecte, France..... 571
SCHÆFER (Charles - Frédéric - Alexandre), peintre, Prusse........................ 190
SCHAEFFER (Francisque), peintre, France.... 428
SCHÄFFER (Eugène Ed.), graveur, Bavière... 23
SCHAMPHELEER (Edmond de), peintre, Belgique.............................. 41
SCHEFFER (Henry), peintre, France... 428 et 582
SCHEFFER (Jean-Gabriel), peintre, Suisse..... 229
SCHENCK (François--Auguste), peintre, Portugal.............................. 173
SCHENTON (Henry-C.), graveur, Grande-Bretagne.............................. 136
SCHEUCHZER (Guillaume), peintre, Bavière... 21
SCHIAVONI (Noël), peintre, Autriche........ 600
SCHIOTT (Henri-Auguste-Georges), peintre, Danemark............................ 607
SCHLEIGH (Édouard), peintre, Bavière....... 21
SCHLEISNER (Chrétien-André), peintre, Danemark.............................. 607
SCHLÉSINGER (Henry), peintre, Autriche et France......................... 5 et 429
SCHMIDT (Charles), peintre, Wurtemberg..... 240
SCHMIDT (Constantin), peintre, Prusse....... 190
SCHMIDT (Crans-J.-M.), peintre, Pays-Bas ... 162
SCHMIDT (Léopold), graveur, Autriche....... 13
SMITH (W.-C.), peintre, aquarelle, Grande-Bretagne.............................. 119

MM. Pages.

SCHNETZ (Jean-Victor), peintre, France...... 429
SCHOLANDER (Frédéric-Guillaume), peintre, Suède.................................. 216
SCHOLL, peintre, Hesse...................... 153
SCHOPIN (Henri-Frédéric), peintre, France.... 429
SCHOTEL (Pierre-Jean), peintre, Pays-Bas.... 163
SCHRADER (Jules), peintre, Prusse.......... 191
SCHRAMM (Jean-Baptiste-Henri), peintre, Prusse.................................. 191
SCHRODER (Louis), sculpteur, France........ 505
SCHRODL (Norbert), sculpteur, Autriche....... 12
SCHROEDTER (Adolphe), peintre, Prusse.... 191
SCHUBACH (Gottlieb Emil), peintre, Villes-Anséatiques.............................. 237
SCHULTEN (A.), peintre, Prusse............ 191
SCHULTZ (Erdmann), peintre, Prusse......... 191
SCHULTZ (Jean-Charles), peintre, Prusse...... 192
SCHUSTER (Adolphe-Gustave, peintre, Autriche. 5
SCHUTZENBERGER (Louis-Frédéric), peintre, France.................................. 430
SCHOENEWERK (Alexandre), sculpteur, France. 505
SCHWANDEN (Paul de), peintre, Suisse....... 230
SCHWARTZE (Jean-Georges), peintre, Pays-Bas 163
SCHWIND (Maurice), peintre, Bavière........ 21
SCIALLERO (Louis), peintre, Sardaigne....... 207
SCOLES (J.-J.), architecte, Grande-Bretagne... 150
SCOTT (G.-G.), architecte, Grande-Bretagne... 150
SCROSATI (Louis), peintre, Autriche......... 601
SÉBRON (Hippolyte), peintre, France......... 430
SEDDON, architecte, Grande-Bretagne........ 149
SEGÉ (Alexandre), peintre et lithographe, France.............................. 430 et 531

MM. Pages.

SEIDEL (Gustave), graveur, Prusse.......... 201
SEIFFERT (Charles), peintre, Prusse......... 192
SENEZCOURT (Jules de), peintre, Belgique.... 41
SERVIN (Amédée-Elie, peintre, France....... 431
SHARP (T.), sculpteur, Grande-Bretagne...... 126
SHARPE (E.), architecte, Grande-Bretagne..... 151
SHAW (H.), architecte, Grande-Bretagne...... 151
SHENTON (Henry-C.), graveur, Grande-Bretagne............................... 136
SIÉGEL (Christian), sculpteur, Grèce.......... 610
SIGNOL (Emile), peintre, France............. 431
SILVA (Domingos-José-Da), peintre, Portugal.. 173
SILVA (Joao-Christino da), peintre, Portugal... 173
SIMART (Pierre-Charles), sculpteur, France.... 506
SIMMLER (F.), peintre, Bade................ 16
SIMMONS (W.-H,).Graveur, Grande-Bretagne.. 136
SIMON (François), peintre, France............ 432
SIMONSEN (Nicolas), peintre, Danemark...... 607
SIMYAN (Victor), sculpteur, France.......... 506
SIROUY (Achille), lithographe, France........ 540
SKOVGAARD (Pierre-Chrétien), peintre, Danemark............................... 607
SLATER (W.), architecte, Grande-Bretagne... 151
SLUYTER (Dick Juriaan), graveur, Pays-Bas.. 167
SMIRKE (S.), architecte, Grande-Bretagne..... 151
SMITH (W.-C.), peintre, Grande-Bretagne...... 119
SMITH (W.-J.), architecte, Grande-Bretagne... 151
SOBRE père, (François-Hyacinthe), sculpteur, France............................... 506
SOBRE fils, (Hyacinthe), sculpteur, France.... 506
SOGNI (Joseph), peintre, Autriche........... 601
SOLOMON (A)., peintre, Grande-Bretagne..... 106

MM. Pages.

SOMMER (Antoine), peintre, Bavière.......... 18
SONNE (Georges), peintre, Danemark......... 608
SORENSEN (Carl-Frédérick), peintre, Danemark.................................. 59
SORIEUL (Jean), peintre, France............ 432
SOULANGE-TEISSIER (Louis-Emmanuel), lithographe, France......................... 541
SOUPLET (Louis-Ulysse), peintre, France..... 433
SOUSLACROIX (Gabriel-Charles-Frédéric), peintre, Etats-Pontificaux.................... 78
SOUZA (Joachim-Pedro da), peintre, Portugal.. 174
SOYER (Paul), peintre, France.............. 334
SPECKTER (Othon), peintre, Villes-Anséatiques. 237
SPENCE (B.-E.), sculpteur, Grande-Bretagne... 126
SPITZWEG (Charles), peintre, Bavière........ 21
SPRINGER (Cornélis), peintre, Pays-Bas...... 163
STACK (Joseph-Magnus), peintre, Suède...... 217
STANFIELD (C.), peintre, Grande-Bretagne... 106
STANGE (Bernard), peintre, Bavière......... 21
STAPLEAUX (Michel-Ghislain), peintre, Belgique................................. 42
STATTLER (Henri), sculpteur, États-Pontificaux.............................. 80
STEELINK (Wilhem), graveur, Pays-Bas....... 167
STEFFECK (Charles), peintre, Prusse......... 192
STEINFENSAND (Fr. Xavier), graveur, Prusse. 202
STEINFURTH (Hermann), peintre, Villes-Anséatiques.............................. 238
STEINHEIL (Louis-Charles-Auguste), peintre et architecte, France............... 433 et 571
STEINIKE (Henri), peintre, Prusse........... 192
STEINLA (Maurice), graveur, Saxe........... 212

MM. Pages.

STEINLE (François), peintre, Autriche........ 5
STEPHENS (E.-B.), sculpteur, Grande-Bretagne. 126
STEVENS (Alfred), peintre, Belgique......... 42
STEVENS (Joseph), peintre, Belgique......... 42
STOBER (François), graveur, Autriche........ 13
STOCK (Charles-Henri), peintre, France....... 434
STOCKS-LUMB, graveur, Grande-Bretagne.... 136
STOCQUART (Idelphonse), peintre, Belgique... 43
STOHL (Michel), peintre, Autriche et France 5 et 434
STONE (F.), peintre, Grande-Bretagne........ 106
STORCH (Frédéric-Louis), peintre, Danemark.. 608
STRACKEE (J.), sculpteur, Pays-Bas.......... 165
STROOBANT (François), peintre, Belgique.... 43
STUCKELBERGER (Ernest), peintre, Suisse... 230
STUHLMANN (Henri), peintre, Villes-Anséatiques 238
Feu STUREL (Mme), née Octavie PAIGNÉ, peintre, France.......................... 434
STURM (Pierre-Henri), peintre, France........ 434
SUDRE (Jean-Pierre), peintre, lithographe et architecte, France.... ...... 435, 541 et 572
SULPIS (Joseph), architecte, France......... 572
SUHRLANDT fils (Charles), peintre, Prusse.... 193
SUHRLANDT père (Rodolphe), peintre, Prusse. 193

TABAR (Germain-François-Léopold), peintre, France............... 435
TALUET (Ferdinand), sculpteur, France...... 507
TAMISIER (Charles), graveur sur bois, France. 531
TASSAERT (Nicolas-François-Octave), peintre, France............................ 436
TAUREL (André-Benoît-Barreau), graveur, Pays-Bas................................ 167
TAUREL (Augustin), peintre, Pays-Bas....... 163

MM. Pages.

TAYLER (F.), peintre, aquarelle, Grande-Bretagne.... 119
TAYMANS (Louis-Joseph), peintre, Belgique... 43
TEGEO (Raphaël), peintre, Espagne......... 72
TEINTURIER (Victor), peintre, France....... 436
TENNANT (J.), peintre, Grande-Bretagne..... 107
TERNANTE (Amédée-Lemaire), peintre, France.... 437
TERRY (Henry-John), lithographe, Suisse..... 233
TESCHNER (Alexandre), peintre, Prusse...... 193
TETAZ (Jacques-Martin), architecte, France... 590
TEXIER (Victor), graveur, France........... 531
THÉVENIN (Mlle Caroline), peintre, France... 437
THÉVENIN (Mlle Rosalie), peintre, France.... 437
THIELLEY (Claude), lithographe, France..... 542
THIENON (Louis), peintre, France........... 437
THIERRÉE (Eugène-Stanislas), peintre, France.... 437
THIERRY (Joseph), peintre, France.......... 438
THOMAS (Alexandre), peintre, Belgique...... 44
THOMAS (Félix), architecte, France.......... 590
THOMAS (Henri-Emmanuel), peintre, France. 438
THOMAS (J.-E.), sculpteur, Grande-Bretagne. 127
THOMPSON (C.-T.), graveur sur bois, Grande-Bretagne.... 140
THOMPSON (J.), graveur sur bois, Grande-Bretagne.... 139
THOMPSON (J.), chromo-lithographe, Grande-Bretagne.... 142
THORBURN (R.), peintre, aquarelle, Grande-Bretagne.... 119
THORNICROFT (Mme), sculpteur, Grande-Bretagne.... 127

MM. Pages.

THORNYCROFT (T.), sculpteur, Grande-Bretagne 127
THUILLIER (Pierre), peintre, France 438
TIDEMAND (Adolphe), peintre, Norwége 222
TILLOT (Charles), peintre, France 439
TIMBAL (Louis-Charles), peintre, France 439
TINTHOIN (Jules), peintre, France 439
TISSIER (Ange), peintre, France 440
TITE (William), architecte, Grande-Bretagne .. 151
TIRON (Henri), peintre, Sardaigne 207
TOPHAM (F.-W.), peintre, aquarelle, Grande-Bretagne 120
TORS (Léonidas), sculpteur, Grèce 610
TOSI (François-Marie), peintre, Etats-Pontificaux 79
TOULMOUCHE (Auguste), peintre, France 440
TOURNEMINE (Charles de), peintre, France ... 440
TRAVAUX (Pierre), sculpteur, France 507
TRAVIÈS DES VILLERS (Charles-Joseph), peintre, France 441
TRAYER (Jean-Baptiste-Jules), peintre, France 441
TRÉLAT (Emile), architecte, France 572
TRENKWALD (Joseph), peintre, Autriche 6
TREZEL (Pierre-Félix), peintre, France 441
TRIANTAPHYLOU (le moine Agathangelos), sculpteur, Grèce 610
TRIQUETI (le baron Henry de), sculpteur, France 584
TROILI (Gustave-Uno.), peintre, Suède 217
TRONVILLE (François-Joseph), peintre, France. 441
TROSSIN (Robert), graveur, Prusse 202

MM. Pages.

TROUVÉ (Nicolas-Eugène), peintre, France.... 442
TROYON (Constantin), peintre, France...... 442
TRUPHÈME (François), sculpteur, France..... 507
T'SCHAGGENY (Charles-Philogène), peintre, Belgique.............................. 44
T'SCHAGGENY (Edmond), peintre, Belgique.. 44
TUERLINCKX (Joseph), sculpteur, Belgique.. 53
TURNER (Charles), graveur, Grande-Bretagne.. 136
TYR (Gabriel), peintre, France.............. 443

UCHARD (Toussaint-François-Joseph), architecte, France.......................... 591
ULIBARRI, architecte, Espagne............. 76
ULMANN (Benjamin), peintre, France........ 443
ULRICH (Jacques), peintre, Suisse........... 230
UNZELMANN (Frédéric).................. 202
UWINS (T.), peintre, Grande-Bretagne........ 107

VACHER (C.), peintre, aquarelle, Grande-Bretagne.................................. 120
VACQUER (Louis-Théodore), architecte, France. 572
VAINES (Maurice de), peintre, France......... 443
VALENTINI (Gottardo), peintre, Autriche..... 601
VALERIO (Théodore), peintre et graveur, France........................... 443 et 532
VALFORT (Charles), peintre, France.......... 444
VAN DE BROECK (François), peintre, Belgique. 44
Feu VANDEN-BERGHE (Charles-Auguste), peintre, France............................. 445
VANDENKERKHOVE (Jean-F.), sculpteur, Belgique.................................. 53

MM. Pages.

VAN DE RHECHT (Guillaume), peintre, Belgique 44
VAN DER VIN (Paul), peintre, Belgique...... 44
VANHOVE (Hubert), peintre, Belgique........ 44
VANHOVE (Victor), sculpteur, Belgique....... 53
VAN MARCKE (Édouard), peintre, Belgique... 45
VAN MEER (Charles), peintre, Belgique....... 45
VAN MOER (Jean-Baptiste), peintre, Belgique... 45
VAN REGEMORTER (Ignace), peintre, Belgique.............................. 46
VAN SCHENDEL (Pierre), peintre, Belgique... 46
VAN SEVERDONCK (Joseph), peintre, Belgique. 46
VANTINI (Rodolphe), architecte, Autriche..... 14
VARENNES (Eugène de), peintre, France..... 445
VARIN (Amédée), graveur, France........... 532
VAUCHELET (Théophile-Auguste), peintre, France.............................. 445
VAUDOYER (Léon), architecte, France... 573 et 591
VAUTHIER-GALLE (André), graveur en médailles, sculpteur, France................. 508
VECHTE (Antoine), sculpteur, France......... 616
VEGA, architecte, Espagne.................. 76
VEILLARD (Louis-Nicolas), sculpteur, Suisse... 232
VELA (Vincent), sculpteur, Autriche.......... 602
VENTADOUR (Jean-Nicolas), peintre, Villes-Anséatiques.............................. 238
VERAY (Jean-Louis), sculpteur, France....... 508
VERBOECKOVEN (Eugène), peintre, Belgique. 46
VERBOECKOVEN (Louis), peintre, Belgique... 47
VERDÉ-DELISLE (Mme), née Marie-Ève-Alexandrine PERIGNON, peintre, France.......... 445
VERDIER (Aymar), architecte, France........ 573
VERDIER (Marcel), peintre, France.......... 446

MM. Pages.

VERDONCK (Jacobus), sculpteur, Pays-Bas. .. 166
VERHEYDEN (François), peintre, Belgique.... 47
VERHOEVEN (Adrien-Joseph), peintre, Belgique. 47
VERLAT (Charles), peintre, Belgique......... 47
VERMEHREN (Frédéric-Jean-Nicolas), peintre, Danemark.............................. 608
VERMEYLEN (François), sculpteur, Belgique.. 54
VERNET (Emile-Jean-Horace), peintre, France. 446
VERNON (Thomas), graveur, Grande-Bretagne. 137
VÉRON (Alexandre-René), peintre, France 448
VERSCHUUR (Wouterus), peintre, Pays-Bas... 164
VERVEER (Samuel-Léonidas), peintre, Pays-Bas. 163
VERVLOET (Mme Augustine), peintre, Belgique. 48
VERVLOET (Victor), peintre, Belgique........ 48
VERWÉE (Louis-Pierre), peintre, Belgique.... 48
VETTER (Hégésippe-Jean), peintre, France.... 448
VEYRASSAT (Jules-Jacques), peintre, France... 449
VIBERT (Jules), peintre, France............. 449
VIDAL (Louis), sculpteur, France........... 508
VIDAL (Vincent), peintre, France........... 449
VIENOT (Édouard), peintre, France.......... 450
VIGER-DUVIGNAU (Jean-Louis-Hector), peintre, France........................... 450
VIGNON (Henri-François-Jules de), peintre, France............................... 450
VIGONÈ (comtesse Emma de), peintre, Sardaigne. 208
VIGOT (Victor), peintre, France............ 450
VILAR (Manuel), sculpteur, Espagne.......... 73
Feu VILLA-AMIL (Genaro Perez), peintre, Espagne.............................. 72
VILLAIN (Eugène), peintre, France.......... 450
VILLAR, architecte, Espagne................ 76

MM. Pages.

VILLEVIEILLE (Léon), peintre, France....... 451
VINCHON (Jean-Baptiste-Auguste), peintre, France.................................. 451
VION (Jean-Baptiste-Alexandre), peintre, France.................................. 453
VIOLLET LE DUC (Eugène-Emmanuel), architecte, France.......................... 574
VIVIÉ (Ernest-Godefroi), sculpteur, Villes-Anséatiques............................... 238
VOIGT (Charles-Frédéric), sculpteur, grav. en méd., Bavière.......................... 22
VOILLEMOT (André-Charles), peintre, France. 453
VOLAND (Henri), peintre, Suisse............ 230
VOLLE (François), peintre, France.......... 453
VOLLIER (Nicolas-Victor), peintre, France... 453
VOLMER (Adolphe-Frédéric), peintre, Villes-Anséatiques.............................. 238
VOLTZ (Frédéric), peintre, Bavière.......... 21
VOORDECKER (Henri), peintre, Belgique..... 48
VOS (Mlle Maria), peintre, Pays-Bas.......... 163

WAAGEN (Charles), graveur, Bavière........ 23
WACQUEZ, graveur, France................. 532
WAGNER (Mlle Élise), peintre, France....... 453
WAGREZ (Edmond), peintre, France......... 454
WALCUTT (David B.), peintre, États-Unis d'Amérique.......................... 83
WALDECK (Jean-Frédérie), peintre, France... 582
WALDMÜLLER (F.-G.), peintre, Autriche.... 6
WALDORP (Antoine), peintre, Pays-Bas...... 163
WALHBOM (Charles), peintre, Suède......... 217
WALLAYS (Édouard), peintre, Belgique...... 48

MM. Pages.

WALLIS (R.), graveur, Grande-Bretagne..... 137
WAZ (E.-M.), peintre, Grande-Bretagne...... 107
WARBURG (Eugène), sculpteur, États-Unis d'Amérique........................ 84
WARD (E.-M.), peintre, Grande-Bretagne...... 107
WARD (Georges-R.), graveur, Grande-Bretagne. 137
WARREN (E.), peintre aquarelle, Grande-Bretagne.............................. 120
WARREN (H.), peintre, aquarelle, Grande-Bretagne.............................. 120
WATT (J.-H.), graveur, Grande-Bretagne..... 137
WAUTERS (Charles), peintre, Belgique....... 49
WEBER (Auguste), peintre, Prusse........... 193
WEBER (Frédéric), graveur, Suisse.......... 233
WEBER (Louis), architecte, France........... 576
WEBSTER (T.), peintre, Grande-Bretagne..... 108
WEEKES (H.), sculpteur, Grande-Bretagne.... 128
WEGENER (Jean-Frédéric-Guillaume), peintre, Saxe.............................. 210
WEHMEYER (Willem-Frédéric), graveur, Pays-Bas................................. 168
WEHNERT (E.-H.), peintre, aquarelle, Grande-Bretagne........................... 121
WEIGALL (H.), peintre, aquarelle, Grande-Bretagne.............................. 121
WEINMAYER (Léopold), peintre, Bavière..... 21
WEISSENBRUCH (Jean), peintre, Pays-Bas.... 164
WELLER (Théodore), peintre, Bade.......... 16
WELS (H.-T.), peintre, aquarelle, Grande-Bretagne.............................. 121
WENER frères (Nicolas et Jean-Baptiste), sculpteurs, Luxembourg..................... 612

MM. Pages.

WERBERGER (Joseph), peintre, Bavière...... 21
WERDMÜLLER (J.-Conrad), graveur, Suisse.. 233
WEST (W.), peintre, Grande-Bretagne....... 108
WESTMACOTT (J.-S.), sculpteur, Grande-Bretagne.................................. 127
WESTMACOTT (R.-Jun.), sculpteur, Grande-Bretagne................................. 127
WESTMACOTT (sir R.), sculpteur, Grande-Bretagne................................. 127
WHITE (W.), architecte, Grande-Bretagne..... 151
WORTHINGTON (T.), architecte, Grande-Bretagne.................................. 152
WHYATT (Digby), architecte, Grande-Bretagne.................................. 152
WHYATT (T.-H.), architecte, Grande-Bretagne. 152
WIENER (Jacques), sculpteur, graveur en médailles, Belgique......................... 54
WILLE (Auguste de), peintre, Prusse......... 193
WILLEMS (Florent), peintre, Belgique........ 49
WILLIS (H.-B.), peintre, Grande-Bretagne..... 108
WILLMAN (Édouard), graveur, Bade......... 17
WILMORE (A.), graveur, Grande-Bretagne..... 137
WILMORE (James-T.), graveur, Grande-Bretagne.................................. 137
WILSON (J.), peintre, Grande-Bretagne....... 108
WINTERHALTER (François-Xavier), peintre, Bade et France... .... 16 et 454
WINTZ (Guillaume), peintre, France.......... 454
WITHERINGTON (W.-F.), peintre, Grande-Bretagne.................................. 109
WITTHÖFT (Guillaume), graveur, Prusse..... 202
WOËTZ (Flavien-Félix), peintre, France...... 454
WOLFF (Emile), sculpteur, États-Pontificaux... 80
WOLFF (Guillaume-Frédéric-François-Alexandre), sculpteur, Prusse................... 198

MM. Pages.

WOLFHAGEN (Mlle Thérèse), peintre, Saxe... 211
WOLMER (Adolphe-Frédéric), peintre, Villes-Anséaitques.... 238
WOUTERMAERTENS (Constant), peintre, Belgique.... 50
WOUTERMAERTENS (Édouard), peintre, Belgique.... 50
WULFFAERT (Adrien), peintre, Belgique.... 50
WREDOW (Auguste), sculpteur, Prusse....... 199
WYATT (Mlle Cornélie-Emma), peintre, France. 454
WYLD (William), peintre, France............ 455

YVON (Adolphe), peintre, France............ 455

ZANTH (Louis de), peintre, Wurtemberg..... 240
ZELGER (Joseph), peintre, Suisse............ 230
ZELLER (Conrad), peintre, Suisse........... 231
ZIEM (Félix), peintre, France............... 457
ZIER (Victor), peintre, France.............. 457
ZIMMERMANN (Albert), peintre, Bavière...... 22
ZIMMERMANN (Max), peintre, Bavière....... 22
ZIMMERMANN (Richard), peintre, Bavière.... 22
ZITEK (Jean), graveur, Autriche............ 14
ZO (Achille), peintre, France............... 457
ZUBER-BULHER (Fritz), peintre, Suisse...... 231
ZWENGAUER (Antoine), peintre, Bavière..... 22
ZWIRNER (Ernest-Frédéric), architecte, Prusse. 204

Typ. VINCHON, rue J.-J. Rousseau, 8. — 3021.

www.ingramcontent.com/pod-product-compliance
Ingram Content Group UK Ltd.
Pitfield, Milton Keynes, MK11 3LW, UK
UKHW021104270726
13993UKWH00006B/1011

9 782329 290287